读·品·悟快乐阅读系列

◎丛书主编：向启新

生物卷

谁在黑暗里与我对话

◎本书主编：张孝文

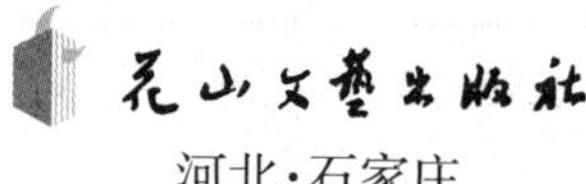

河北·石家庄

图书在版编目（CIP）数据

谁在黑暗里与我对话 ：生物卷 / 向启新主编. -- 石家庄 ：花山文艺出版社，2004（2024.6 重印）
（“读品悟”快乐阅读系列）
ISBN 978-7-80673-551-0

Ⅰ. ①谁… Ⅱ. ①向… Ⅲ. ①散文－作品集－中国－当代 Ⅳ. ①I267

中国版本图书馆CIP数据核字(2004)第111960号

丛 书 名：“读品悟”快乐阅读系列
丛书主编：向启新
书　　名：**谁在黑暗里与我对话：生物卷**
SHUI ZAI HEI'AN LI YU WO DUI HUA: SHENGWU JUAN
本书主编：张孝文

策　　划：张采鑫
责任编辑：于怀新
特约编辑：李文生
装帧设计：北京九洲鼎图书有限公司
美术编辑：王爱芹
出版发行：花山文艺出版社（邮政编码：050061）
（河北省石家庄市友谊北大街330号）
销售热线：0311-88643299/96/17
印　　刷：三河市中晟雅豪印务有限公司
经　　销：新华书店
开　　本：710mm × 1000mm　1/16
印　　张：10
字　　数：180千字
版　　次：2004年12月第1版
2024年6月第5次印刷
书　　号：ISBN 978-7-80673-551-0
定　　价：49.80元

生物世界充满了生机和灵性:红花绿树,芳草萋萋;飞鸟在空中忙碌,走兽在地下追逐,鱼儿在水里游泳,蜜蜂在房前跳舞,蟋蟀在广场弹琴,布谷则唱着她那永不变的歌:不如归去,不如归去……

走进自然,走进生物世界,你会感到一种从未体验过的放松,你会找到一种纯净、本真的美,当然,你还会发现一些生命的真谛。

来吧,让我们携手走进这个神秘而美好的乐园,去探访每一个景点,去感受每一个生命。

"海棠依旧"是本卷的第一个主题,取意于李清照《如梦令》中的"试问卷帘人,却道海棠依旧。知否,知否,应是绿肥红瘦"。在这里,牵牛花在黎明中悄悄开放,木槿花让你想起一个童话,桂花毫不吝惜地散发香味,金茶花也揭开了它神秘的面纱。还有凌波仙子的典雅,狗尾草的质朴,向日葵的挺拔茁壮……让你美不胜收,流连忘返。

"猫·老鼠·鹰"是本卷的第二个主题。它向我们敞开了认识动物、了解动物的大门。在这里,有对动物情态的描写,有对动物生活习性的介绍。读它,你会增长不少关于动物的知识。

“生命·生命”是本卷的第三个主题，讲的是动物世界里的故事和人与动物之间的故事。在这里，我们看到军犬黑子被愚弄后痛失尊严的眼泪；面临灾难的蚂蚁抱成一团，像雪球一样飞速滚动，逃离火海；一只怀有身孕的藏羚羊，为了腹中的生命，“扑通”一声跪在老猎手的面前，求猎人饶命；还有老猫留恋生命的泪，骆驼忍受生命的泪……在它们的身上，你会看到智慧，看到灵性，看到生命与生命的相互沟通，看到生命的可敬可畏。

“关于狼的思考”是本卷的第四个主题，是由动物引发出的思考。《像山那样思考》提醒我们：必须放弃常理中的善恶标准，冷静、客观、理智地对待大自然中的一切生灵。《一叶一菩提》告诫人们：地球上所有的生命都是平等的，人文情怀应延伸到对一切生命的关注。《人眼看猫》通过写猫逃离温饱的“家”而愿意到外面去挨饿受冻，让人们悟到：猫有属于猫的天地，猫也向往着自由，追求着尊严。《只因它特别忠厚》通过描写人的残忍和牛的忠厚表达了作者对“斗牛”游戏的思考，读后令人深思。

“韵在骨子里的诗”和“白杨·珊瑚·藕”是本卷的另外两个主题。前者是对动物的赞赏，后者是对树木、瓜菜等的描写、说明和赞叹。两者都值得你一读。

总之，只要你静下心来，逐个地去探访，你会发现天地很广阔、很美好，你会不时地得到些意外的惊喜。

目录

一、海棠依旧

作文链接

二、猫·老鼠·鹰

作文链接

三、生命·生命

作文链接

四、关于狼的思考

作文链接

五、韵在骨子里的诗

作文链接

六、白杨·珊瑚·藕

作文链接

我常在它身旁徘徊

海棠依旧

生物卷

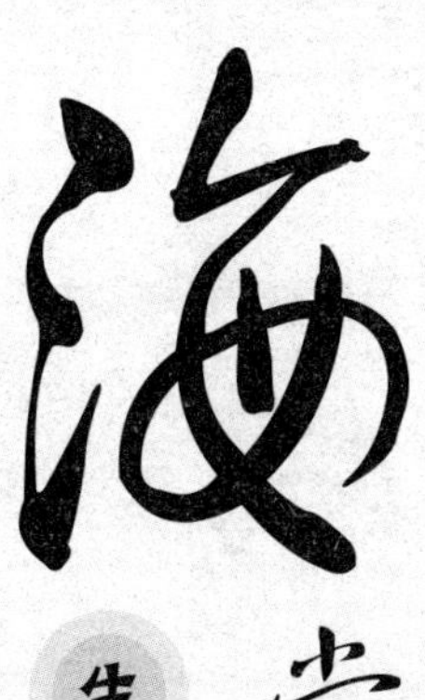

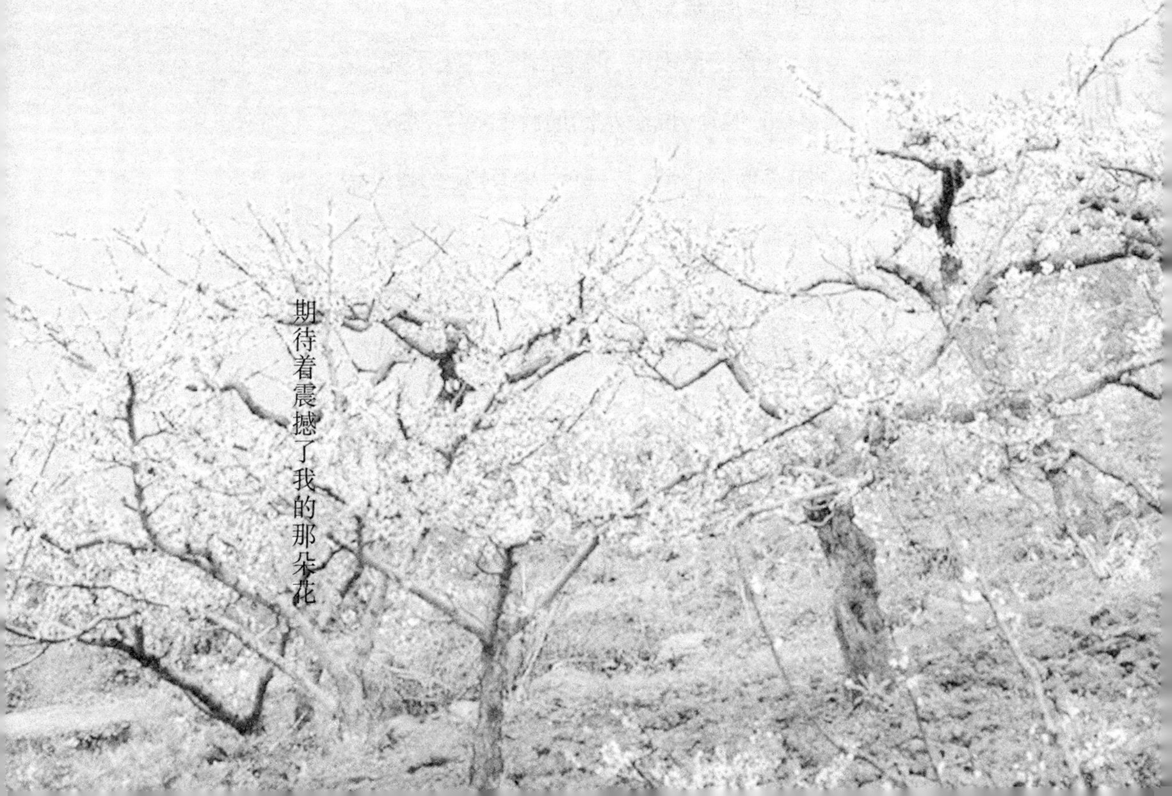

期待着震撼了我的那朵花

这知名的山，是多少人向往的地方。这正是春天花开的季节，无论是晨曦初升，或晌午时分，或日暮黄昏，在花前，在树下，都有许多年轻的男女迷恋着他们讴歌的岁月，在这浓浓的夜色里，已寻求不着他们的踪影了。

我悄悄来了，那是山不知，树不知，花不知，但是，也没人知道我的名字，也没人知道我的心情。只有我知道自己，我是带着满怀的寂寞，带着满腔的悲愤，来对着那山高歌，那树低语，那花吟哦，这就是我要趁着暮色朦胧时悄悄来到这里的原因。

八月金秋桂花香 / · · · 佚 名

农历八月，桂花飘香。桂花又叫“木樨”，树干木质致密，纹理如“犀”，它“叶密千层绿，花开万里黄”，花香浓郁远飘，有“九里香”的美誉。《本草纲目》中说：“丛生岩岭间，谓之岩桂；红者名丹桂。”

桂花是木樨科常绿乔木，高达 12 米，枝叶繁盛。叶对生，椭圆形，叶绿有细锯齿，革质，深绿色。花单生在叶腋，或簇生枝顶，白色；9 月树干木质致密，纹理如“犀”，10 月开放。

桂花根据花色和花期可分为金桂、银桂、丹桂和四季桂。金桂橙黄色，香味较浓，叶大而长。银桂黄白或淡黄色，花香也浓，花小而密，叶肥而厚。四季桂花黄白色，花季也浓，却能四季开花。金桂、银桂、丹桂的花期都在中秋节前后，又有“八月桂香”“冷露无声湿桂花”的说法。

自古以来，桂花深受人们欢迎。古书中说：“丛桂开时，真称香窟”，“凡花之香者，或清或浓，不能两兼，唯桂花清可涤尘，浓能透远，一丛开放，邻墙别院，莫不闻之”。

桂花原产中国西南部和中部，现广泛栽培于长江流域及其以南地区，而以苏州、杭州、扬州、成都、武汉等地最为集中。华北多行盆栽。

桂花在秋季开放两次，把秋光点缀得更加美丽。“不是人间种，疑从月中来，广寒香一点，吹得满山开。”“嫦娥奔月”“吴刚伐桂”，神话把桂树和月亮联系在一起。由于传说中有桂，古代把月亮称为“桂魄”。

苏州庭园里到处种有桂，大街小巷，八月处处桂花香。杭州西湖满觉垄一带，满坑满谷尽是桂花，花时满山飘香，连那里的栗子也随带桂花香味。山水甲天下的桂林,以桂为名,更是桂花香满城了。

桂花喜温暖湿润气候,不耐寒,适宜在阳光充足、排水良好的砂质土壤栽种。我国汉中圣水寺内有一棵桂花树,传说为汉代所植。距今有2000多年历史,树姿苍劲雄伟,是我国现存最古老的一棵桂花树。

江苏溧阳市大溪乡上吴村贞女寺遗迹,有一棵罕见的金银桂花树,已有300多岁。主干高1.4米,上面长有杈枝。它至今尚年年开花,先开金黄色的金桂花,接着又开淡黄色的银桂花。每逢开花季节,浓香四溢,令人陶醉,引来远近老少前去观赏。

湖南洪江市铁山乡有一株高10米、树围1.3米的桂花树,是棵奇树。它树形似伞,遮阴面积直径9.5米。花开金黄色,一年四季树繁花茂,香味浓郁。据老农说,它至少月月开花了60年。

桂花可浸制桂花酒,盐渍成咸桂花,糖渍成糖桂花,或焙制成桂花茶,各具风味。还可提取"桂花浸膏",香气经久不散。用桂花炼制成的桂花香精,广泛用于日用化妆品和食品工业。

桂花也可药用。花能化痰、生津、去口臭。"桂子"有暖胃、益肾、散寒的功用。

这是一篇介绍桂花的说明文。作者以逻辑为序,兼用下定义、分类别、举例等多种说明方法,对桂花的外形、花期、产地、习性及使用等作了详细的说明。诗文及古籍资料的引用,神话故事的提及,增加了文章的信息量和文化含量。全文内容充实,语言平实而又不乏生动。

个性独悟
ge xing du wu

★从文中至少列举出两种说明方法，并引例句。

★文中引了许多有关桂花的诗句，请你写出一句有关桂花的古诗。

快乐阅读
kuai le yue du

丁香赋/···佚　名

每当冰雪消融，一股细细的清香立刻浮满北国冰城，是丁香选择了哈尔滨，还是哈尔滨选择了丁香？问花花不语，天地间都在感叹着花与城的奇缘。

“忽如一夜春风来，千树万树丁香开。”当春风尚未完全驱走哈尔滨的冰寒，丁香就像春天的使者，绽满枝头，如霞如烟。哈尔滨的春天实在是太短暂了。丁香就像春天里的一个梦，与哈尔滨春天交相辉映。有了丁香花，哈尔滨的春天就变得芳香四溢，美不胜收。

春天的丁香花，夏天的太阳岛，冬天的冰雪，是每个哈尔滨人心中的挚爱。几十万株丁香装点着哈尔滨的街道、公园、庭院。

丁香的花小如丁，数不清的小花汇到一起，一簇簇的，紫中带白，白中映粉，远远望去，花如云，花如海，花如霞。这情景给寒冬里走过来的人以张力、创造的热情、想象的驰骋。

丁香，花香袭人，在花草中，它的香气最为浓郁了。倘若你漫步街头，往往是还没有看见花，香气已先冲入鼻中，一代代的哈尔滨人就是在这沁人心脾的芬芳中梦想自己的未来。

丁香在我国已有一千多年的栽培历史，它给中国的文化平添了无限秀色。

古时，有许许多多关于丁香的传说，说丁香是“神树”，它能给人带来幸福。

历代的文人墨客，又为丁香留下了许多名篇。

“五月丁香开满城，芬芳流荡紫云藤。”

李商隐则用“芭蕉不展丁香洁，同向春风各自开”的诗句，描述情人的思恋之心。

哈尔滨人把丁香作为自己的市花，丁香是他们情感的寄托、审美的移情，更是对生命价值的一种追求。

丁香花的生命力很顽强，能绽放在北纬45度线上，深得哈尔滨人的宠爱。

这里的丁香外表柔媚，但它的根紧紧地抓住土地，纤细的枝干，劲健地支撑着一簇簇硕大的花冠，抵御着北方的风寒和干旱。

初春，丁香浓香馥郁花飞全城；深秋，浓绿的叶子也久久不肯落下；就是到了严冬，它那无叶的枝条也在孕育着一个春天的花潮。

哈尔滨人对丁香的深情，在于丁香的品格凝聚了塞北人独特的精神风貌。她聚小而成大器，抗艰难而争上游，坚韧，顽强，生机勃勃。

丁香是哈尔滨人精神的写照，丁香是北国历史的见证。丁香，秀美的花色，繁茂的花丛，把北国冰城装点得分外妖娆。

丁香是哈尔滨人的挚爱，哈尔滨是丁香永久的家园。

与你共品

yu ni gong pin

这是一篇托物言志的抒情散文。文章细致描绘了丁香花的美丽，赞扬了丁香花坚韧、顽强、生机勃勃等特征，并以花为寓，赞美了哈尔滨城、哈尔滨人的精神气节。

个性独悟

ge xing du wu

★阅读全文，说说作者赞美丁香花是为了赞美什么？

★作者根据什么说丁香“给中国的文化平添了无限的秀色”？

(可用文中原句回答)

★丁香花、太阳岛、冰雪是哈尔滨人心中的挚爱,而南京的梅花、栖霞红枫、玄武湖等也是南京人心中的挚爱。请你选择具有本地(含郊县)地方特征的一景或一物,写一段话,抒发自己的喜爱之情。

好一朵木槿花 / · · · 宗 璞

又是一年秋来,洁白的玉簪花挟着凉意,先透出冰雪的消息。美人蕉也在这时开放了。红的黄的花,耸立在阔大的绿叶上,一点儿不在乎秋的肃杀。以前我有"美人蕉不美"的说法,现在很想收回。接下来该是紫薇和木槿。在我家这以草为主的小园中,它们是外来户。偶然得来的枝条,偶然插入土中,它们就偶然地生长起来。紫薇似娇气些,始终未见花。木槿则已两度花发了。

木槿以前给我的印象是平庸。"文革"中许多花木惨遭摧残,它却保全性命,陪伴着显赫一时的文冠果,免得那钦定植物太孤单。据说原因是它的花可食用,大概总比草根树皮好些吧。学生浴室边的路上,两行树挺立着,花开有紫、红、白等色,我从未仔细看过。

近两年木槿在这小园中两度花发,不同凡响。

前年秋至,我家刚从死别的悲痛中缓过气来不久,又面临了少年人的生之困惑。我们不知道下一分钟会发生什么事,陷入极端惶恐中。我在坐立不安时,只好到草园踱步。那时园中荒草没膝,除我们的基本队伍亲爱的玉簪花外,只有两树忍冬,结了小红果子,玛瑙扣子似的,一簇簇挂着。我没有指望还能看见别的什么颜色。

忽然在绿草间,闪出一点儿紫色,亮亮的,轻轻的,在眼前转了几转。我忙拨开草丛走过去,见一朵紫色的花缀在不高的绿枝上。

这是木槿。木槿开花了,而且是紫色的。

木槿花的三种颜色，以紫色最好。那红色极不正，好像颜料没有调好；白色的花，有老伙伴玉簪花已经够了。最愿见到的是紫色的，好和早春的二月兰、初夏的藤萝相呼应，让紫色的幻想充满在小园中，让风吹走悲伤，让梦留着。

惊喜之余，我小心地除去它周围的杂草，做出一个浅坑，浇上水。水很快渗下去了。一阵风过，草面漾出绿色的波浪，薄如蝉翼的娇嫩的紫花在一片绿波中歪着头，带点儿调皮，却丝毫不知道自己显得很奇特。

去年，月圆过四五次后，几经洗劫的小园又一次遭受磨难。园旁小兴土木，盖一座大有用途的小楼。泥土、砖块、钢筋、木条全堆在园里，像是零乱地长出一座座小山，把植物全压在底下。我已习惯了这类景象，知道毁去了以后，总会有新的开始，尽管等的时间会很长。

没想到秋来时，一次走在这崎岖山路上，忽见土山一侧，透过砖块钢筋伸出几条绿枝，绿枝上，一朵紫色的花正在颤颤地开放！

我的心也震颤起来，一种悲壮的感觉攫住了我。

土埋大半截了，还开花！

我跨过障碍，走近去看这朵从重压下挣扎出来的花。仍是娇嫩的薄如蝉翼的花瓣，略有皱褶，似乎在花蒂处有一根带子束住，却又舒展自得，它不觉得环境的艰难，更不觉得自己的奇特。

忽然觉得这是一朵童话的花，拿着它，任何愿望都会实现，因为持有的，是面对一切苦难的勇气。

紫色的流光抛洒开来，笼罩了凌乱的工地。那朵花冉冉升起，倚着明亮的紫霞，微笑地俯瞰着我。

今年果然又有一个开始，小园经过整治，不再以草为主，所以有了对美人蕉的新认识。那株木槿高了许多，枝繁叶茂，但是重阳已届，仍不见花。

我常在它身旁徘徊，期待着震撼了我的那朵花。

即使再有花开，也不是去年的那一朵了。也许需要纪念碑，纪念那逝去了的，昔日的悲壮？

与你共品
yu ni gong pin

文章对一株在重压下仍然开花的木槿进行了细致的描写，表达出作者的情感："木槿"面对一切苦难的勇气，她代表着一种"悲壮美"。全文笔墨集中，集议论、抒情为一体，阅读时应细心体会。

个性独悟
ge xing du wu

★文中第二自然段中，"木槿以前给我的印象是平庸"，你怎样理解？

★作者在观察中，哪一细节对作者震撼力最大，你怎样理解？

★文章结尾说："即使再有花开，也不再是去年的那一朵了。"作者这种心理产生的原因是什么？

快乐阅读
kuai le yue du

牵牛花蔓 / · · · 佚 名

不管我的两间住室多么狭小，我还是喜欢在室内硬挤上几盆花木。只要我的眼睛接触到一点儿青葱碧绿的草木，精神就会为之一爽。不过，我养了多年山茶、白兰之类也算得有名的花木，大多不成功；因为在我偶尔离家十天半月之后，回来时便多已枯萎不堪了。

无意中，我种上了牵牛花，当然不把它当作一回事。可是它却一蔓繁花，满窗浓绿。一株牵牛一天可开花十几二十朵，一开就是几个月，天天如此，从不爽约。种养之法也简单不过，只要天天早晚不忘浇足两次清水就行了。它取之于人和自然的是这样少，而它报答给人和自然的却是这样多，这不禁使我对它产生了一种尊敬之情。

牵牛花的确没有特别娇艳的姿色，但它的花形花色，都开朗明净朴素大方，竟是别有一番风致，尤其是那白色的牵牛花，它的外形与心地都同样是那么纯洁无瑕。

牵牛花总是迎着黎明开放，而在黄昏前萎谢。生命诚然短矣，但它却与光明同在。它为迎接光明而生，为送走黑暗而死。

但是，我发现不少牵牛花的枝蔓以至主蔓，一经下垂几天之后就一定枯萎而死，绝无例外。原来，它们都只能向阳，向上飞快地生长，万一它们因为没有附着之处而下垂时，几天后就一定自行枯萎。

我真的敬重起牵牛花来了，因为，它使我凛然地感到恐惧，啊，原来下垂就是倒退，倒退就是死亡呀!

与你共品

yu ni gong pin

《牵牛花蔓》是一篇富有诗意和哲理的散文。文章以“我”对牵牛花的情感变化为线索组织材料：起初，作者是无意间种上，并不把它当一回事，后来当“我”知道了它索取得少，报答得多的时候，“我”不禁对它产生了一种崇敬之情。最后，“我” 因为它外形与心地同样纯洁，因为它与光明同在以及宁死不下垂的习性，“我”真的敬重起牵牛花来，并由此悟出了“倒退就是死亡”的人生哲理。本文把叙事与喻理融为一体，阅读时要细细体会。

个性独悟
ge xing du wu

★对"它使我凛然地感到恐惧"这句话中"凛然"一词你是怎样理解的?

★对课文第一自然段在文中的作用应该怎样理解?

★通过课文中作者对牵牛花"种养之法也简单不过……",你有什么感悟?

快乐阅读
kuai le yue du

金茶花 / · · · 杨羽仪

已故的日本茶花专家津山尚,在40年前,梦想寻找一种世界稀有的金茶花。他不远万里,独自走到印支半岛莽林中,几经凶险,历尽艰辛。一个孤独的寻觅者。终于,他失望而归,写了悲剧性的《幻想的金色茶花历险记》,传于世间,颤抖的手捧着书稿,捧着一个死了的希望。金茶花在哪里?津山尚死不瞑目。他凄然,茫然,心中留下一片苍凉。

中国广西合浦,有个农民叫傅镜远。他无意寻觅金茶花,只是养着50多群蜜蜂度日,日渐富裕。他一路放蜂,还喜欢一路采掘些"树头仔"和野花回家,栽在自己的园子里，日子长了，竟成了一个私家的园林子。

也许，放蜂人对花是特别敏感的，正如画家对于色彩，音乐家对于声音。大清早，他独自上十万大山，想向深山的瑶胞再买几群蜜蜂。一路上，他常拈花微笑，满足于山路上的孤独，踽行在雨中，忽然，他伫立着，路旁不远处，有几株十分陌生的野花。蜡质的绿叶，坚挺油润；蜡质的黄色，花蕾圆浑，尖顶略带嫩红，蕴含着少女青春的魅力；花瓣重叠细密，黄瓣金蕊，活像一座神奇的小迷宫。

老傅不晓得这是什么花，只觉得稀奇、好看，便从腰间掏出一把铁刨子，一连挖了几株，竟忘了买蜂的事儿，匆匆回家，养在后园子里，同别的盆栽一样，默默地活着。

是哪一天：远方来了个农艺师，说是专程到十万大山寻找金茶花的，问老傅见过吗？老傅摇摇头。忽然，他想起园子里栽的几株黄色的花树，蜡质的叶子和塔形的花蕾，颇像茶族，便带园艺师进园里鉴赏，园艺师顿觉惊讶，不过，他也没见过金茶花，不敢贸然判断，很想要一盆回去化验，又不好夺人之所爱。老傅也大方，以花树相赠。十天后，远方来电：经专家鉴定，是世界珍稀植物——金茶花。

老傅得到了无价宝！

当他读完那本被译成中文的《幻想的金色茶花历险记》后，他流泪了，始信自己园子里移植的竟是稀世国宝，是牵动世界茶花专家梦魂的精灵。他突然兴奋起来，日夕守护着这些曾被遗弃于山野的茶族王国的“公主”。

为了使野生金茶花能在花圃中栽植，他毅然舍弃了养蜂致富之道，潜心研究在“野”的金茶花如何适应“宫院”生活，他费去了几年的时光，丢了积攒十万八万元的良机。不过，他成功了。金茶花被列为国家一级保护的珍稀植物。

全世界的茶族专家被中国的金茶花倾倒了，不惜花几万美元想向老傅买一株金茶花，老傅可以一夜之间成为百万富翁。然而，这个朴实无华的山野之子断然谢绝了，像保护人的尊严、民族的尊严那样，维护中国的金茶花在世界的绝无仅有的地位。他为金茶花奉献过，被世界的财富冶炼过，一个灵魂渐渐完成了自我的塑造。这是一个山野农民延伸着自己的路。

后来，有人提出维护金茶花在世界的独尊地位，逐步开发它的产品，也许能揭开金茶花之谜。

傅镜远心动了，他的周围也来了许多热心者，陈即惠、吴树荣两位副教授愿意不收分文为他做试验，年轻的罗盛也来“自投罗网”，老傅心一横，把多年积攒下来买的小车卖掉，把花园中一切可以值钱的盆栽卖掉了，把几十群蜜蜂卖掉了，把家中的猪、牛也卖掉了……凑了一笔钱，办了金茶花科技开发公司。他的举动，引起村民的大惑不解，疑心他神经“离”了线，对他一顿恶骂，劝他“改邪归正”，把那些卖不到钱的金茶花一把火烧掉。他却依然“鬼”迷心窍，纵然是倾家荡产，也要为培育祖国的珍宝奉献自己的一切！

我不想多说教授们和傅镜远在做金茶花试验中经过多少次失败，只说那些微量元素的分析，是亿分之一以至十亿分之一那么微小，使你可透见这种实验的艰巨性。他们经过数年测试，积累了大量数据，发现用金茶花的叶子制茶，不但色味皆为上品，而且含有天然有机锗、硒、钼、锰、钒、锌等多种对人体有重要保健作用的微量元素和氨基酸、维生素，它还有抑制肿瘤、抗衰老，保护心脏、增强血管弹性的作用。

金茶花渐渐被人们认识了。

傅镜远是山野之子，没有动人的史传，他的人生不过像野山上一棵无名小树，绝非金茶花那样珍稀。那么，我为什么要为他立这个小传呢？我以为，在他身上，有着一种难得的纯洁，他骄傲可不被金钱所迷，不被人间的庸俗所染，从他身上，我们不是可以窥见今日农民淳朴而美好的心灵吗？

与你共品

yu ni gong pin

文章以“金茶花”为题，道出了金茶花的珍贵。作者的写作目的不仅仅在于此，而是要赞美发现金茶花的农民傅镜远以及他那同金茶花一样珍贵的品质。这闪光的品质比金茶花更能打动人。

个性独悟

ge xing du wu

★文章描写的人物是傅镜远，为什么开篇要写日本茶花专家津山尚，还有他的书《幻想的金色茶花历险记》？

★何以见得金茶花的珍贵？

★题目用“金茶花”，仅仅是因为傅镜远找到了金茶花吗？

荷　花/···佚　名

映日荷花别样红。

盛夏，当你顶着似火骄阳，漫步在莲花池畔的时候，很自然会想到宋朝诗人杨万里那“接天莲叶无穷碧，映日荷花别样红”的诗句。你看，那碧波荡漾的水面上，亭亭玉立的荷花散发出阵阵幽香，沁人肺腑；那托浮在水面上的荷叶，青翠欲滴；那滚动在荷叶上的水珠，犹如翠玉盘中晶莹的珍珠，明净柔润。一阵微风掠过，会使你有一种暑气全消之感。吟咏周敦颐《爱莲说》中“出淤泥而不染，濯清涟而不妖”的诗句，就更觉意味无穷了。

荷花在我国的长江、珠江流域栽植较多，黄河流域也有分布。就品种而言，荷花约可分为三大类40余种。其中花藕和花香藕等品种，是以向人们提供鲜藕而著称；湘莲和向日莲等品种，则是以向人们提供莲子而闻名；而花中君子水花魁等品种，则是专供人们观赏的。山东南四湖的红莲藕……都是远近驰名的水生蔬菜。莲藕虽然一生都在水中，但对水的深度却有一定要求，如果水的深度超过了植株高度，整个荷花都沉浸在水中，也会因为窒息而死亡。荷花所要求的水深，生长初期一般以三至五寸为宜，生长后期，一般可控制在一尺左右。在莲藕的枝叶长出水面以后，一旦风折叶柄，水就会从茎管灌入，使整株莲藕烂掉。“折断一枝荷,烂掉一窝藕”的谚语,说的就是这个道理。由此可见,莲藕在生长发育期间,能否成藕结实,除应注意管理外,还与风力大小有关。

“出淤泥而不染,濯清涟而不妖”,周敦颐《爱莲说》中的这一名句让荷花在人们心中的地位陡增。本文作者正是以一种欣赏的态度对荷花进行了描述和说明。读此文,要注意体会古诗文在文中的妙用。

★本文介绍了莲花哪些方面的特点?

★文中引用诗文名句有什么作用?

★画线的两个“一般”表示什么?

绿肥花 /··· 黄庆云

有一天,我和一个同志在田间漫步,他问我:“你说,什么花最美丽?”我不假思索地回答:“绿肥花,就是种在田畦上的紫云英和苕子。”

在我的一生中,看过多少的奇花佳卉:有仪态万千、艳冠群芳的牡丹,有姹紫嫣红、占尽春光的红杏,有一尘不染、亭亭玉立的白莲,有傲雪迎春的寒梅,有清香飘逸的茉莉……它们享受着种在园中,供在瓶里,插在鬓边,送给最亲爱的人的手上,写在激动人心的诗句里的厚遇。千古以来,花就是这样受尽人们的宠爱的。人们还把最使人难堪的,最不相称的配偶称做"鲜花插在牛粪上",以表示两者之间,有着天渊之别。可是,现在竟有这么一种花,它的命运却是注定要跟粪土混合在一起的,岂不是一件十分不可思议的事!但是,在我的心目中,这"粪土添花"可比那"锦上添花"的意义,不知道要大多少倍了。

你以为这些都是粗枝大叶的花吗?并不!你到田野上看看吧。从远处看,她们像天上降下来的彩霞,走近一看,那紫云英的花像是天空里染了彩色的星星,那苕子的花像一群展翅欲飞的天堂小鸟,都是艺术之神精雕细刻的杰作。她们每一朵花都是由许多小花朵排聚在一起而成的,就是叶子也不平凡。紫云英的叶子像排列着的天星,而苕子的叶子却像开了屏的孔雀羽毛。这些花既不能用"一枝独秀"去形容,也不是只靠绿叶去扶持,而是红花细叶,互相辉映。如果把她们来比拟人,那么,这些花便是"敢将十指夸工巧,不把双眉斗画长"的格调极高的劳动人民的好女儿。她们生长在淡寒的深秋,熬过了凛冽的严冬,不动声色地等待春天的来临,最后,便舒展着她们的美丽花朵和叶儿,像一团红的火,绿的焰,把田野上的青春燃烧起来。她们又好像忙忙碌碌在备耕的农家姑娘一样,赶着季节,等待着执行她们神圣的职务。当秧苗长好了,春风吹拂,犁头开动,便是她们自焚于这青春之火,玉碎于粪土中的时候。开时如火,逝时如火,这些花,除了作为留种的之外,谁也不会看见她们凋残的颜色,因为她们总是在盛花之期,就把青春献给大地的。

我一向很爱"鞠躬尽瘁,死而后已"这句话。可是,对于苕子和紫云英来说,我能够说她们是死去吗?不!她们是不会死的。当她们化成肥料的时候,她们的新的生命又在开始。再等几个月,当稻子扬花,香飘垄亩,便是她们花开二度的季节,当稻子飘金,禾桶噼啪响的时候,你还会听到她们在高唱丰收之歌。她们投身到生产的历史洪流里,她们的生命是永远不会完结的。

如果你以为我是从实用的观点去看待美,那么你就会大错特错。那只好带你到春天的田野上去,好好地把紫云英和苕子仔细品评,只要你肯把头低下来,你就会看得更清楚的。

如果你以为我把"美"和"真""善"分割开来,那你更是大错特错。只要你有机会把汗水洒在那种植紫云英和苕子的泥土上,那么,你就会闻到花里别人所闻不到的香味。那种美的感受,才是隽永无穷的啊!

与你共品

yu ni gong pin

本文作者黄庆云，广州人，女作家，主要作品有童话集《七个哥哥和一个妹妹》《奇异的红星》，中篇小说《刑场上的婚礼》及一些散文、特写等。文章抓住了绿肥花的特征，从不同的方面赞颂了绿肥花的优点，表达了作者对绿肥花的喜爱之情，同时赞颂了真善美和奉献精神。

个性独悟

ge xing du wu

★文中有一句话道出了绿肥花的美好品质，你能找出来吗？

★文章最后写道："她们投身在历史洪流里"，你如何理解这句话？

★试用象征手法描述一种你喜爱的事物。

快乐阅读

kuai le yue du

金色花 /···蓝　兮

偶尔看见人家阳台上花草缤纷，煞是艳美，激起我养花的兴致。我从朋友家里陆续弄了一些花草来，海棠，月季，文竹……开始还能记着浇水、松土，但到底很难始终不渝。我才意识到，养花并非什么闲情逸致，完全是勤快人的事。

只有仙人掌活下来了。

不论阴晴雨雪，也不论那一小盆泥土如何枯涸龟裂，它总是绿而挺拔，每一根毛刺都伸出渴求的喙。贪婪地啄食着阳光和空气。

可这并未给我带来欢欣。它既不美,也不雅。我只是不无遗憾地想,为什么美的总是那么娇弱,而不美的却总是那么顽强呢?要是海棠、月季、文竹也是这样易于生活该有多好啊。对于它的存在,我却不再关心。

许久后的黄昏,我倚着阳台望远,无意瞥见了这盆仙人掌。它竟横竖添了许多新节,刀戟般凛凛叉开,待细看时,我忍不住大笑起来。不是吗,且不说它的大小掌节是怎样歪歪斜斜,怪模怪样,只看那绿色的掌面吧,竟皱皱巴巴,细纹密布,像一张老人的脸。我越看越觉得它丑……我真不知道,它还会怎样疯长下去。也许叫它死去比叫它活着困难一百倍。这可怕的东西!

我的养花历史就此告一段落,自然是没有养出一朵花来。谁想夏天一到,竟发生了奇迹。

久雨后的清晨,推开阳台门,蛋青色的光亮和泉水般的空气扑面而来。我感到那盆仙人掌上有一大团很耀眼的东西。是霞光吗?是雨水折射的太阳光吗?我定睛一看,什么,是花?

是的,是一朵花,并且是一朵异常漂亮的花,金黄色,十二片绸缎般富有光泽的花瓣,敏感地轻颤着流苏般柔软的花穗,细密地遍布着雪乳般滋润的花粉。它凝然静立,却闪烁着宫殿般辉煌灿烂的光芒……

这是我看过的最美的花!

此刻,仙人掌骄傲地高擎着它。仙人掌上的皱纹是愈加深刻了。是啊,它赖以立身的不过是一抔泥土。要开出这样神奇的金色花,它不能不倾注全部心血。

我面对这皱纹满面的仙人掌和它的美丽辉煌的金色花,竟酸楚地流下了眼泪。我想起过去曾无所顾忌地痛笑过它的丑陋,深为自己的浅薄庸俗而感到惭愧。

可以想象,这仙人掌,它曾经有过柔软的叶,窈窕的枝。但为了抗拒沙漠的压榨,它才变得冷峻而坚强。正是因为这冷峻和坚强,在沙漠吞噬掉无数娇美的花卉之后,我们还能欣赏仙人掌神奇的金色花。

它并非只是一朵宁静亮丽的花,它的不甘泯灭的美令弱者也令强者肃然起敬。

美,一旦与顽强结合,就能产生震撼人心的力量。

与你共品

yu ni gong pin

本文行文结构非常精巧，所寓道理给人深深启迪。文章对仙人掌从“讨厌”到“肃然起敬”的过程写出了作者内心的变化。从这种变化中揭示金色花不甘泯灭的品格，这种品格就是美与顽强的结合，无论对弱者还是强者都是一种震撼。

个性独悟

ge xing du wu

★文中“只有仙人掌活下来了”自成一段有何作用？

★请从文中找出两个四字短语，分别概括金色花的外观与内在美。

★本文文笔优美，许多语句都具有很强的表现力，试摘录一处并作点评。

作文链接

zuo wen lian jie

荷／···黄　骁

夏天，荷花竞相怒放。

一天，我偶然看见学校路边的池塘开满了荷花。我被它们吸引住了，停下脚步蹲在池塘边全神贯注地欣赏起来。一朵朵荷花从清澈见底的池水中钻出来，亭亭玉立，在微风吹拂下，花枝摇曳。她那纤细的茎在池中轻轻地摆动着，就像仙女翩翩起舞一般。看！那朵荷花绽放开来，像傍晚天边霍霍燃烧的晚霞，在荷叶的衬托下，显得更红了，就像一张微笑的小脸蛋。瞧！这朵荷花含苞待放，好像刚诞生的一个新生命。

碧绿的荷叶十分光滑，在阳光的照射下绿得发亮，荷叶上滚动着的水珠像一颗颗晶莹剔透的珍珠。有的枝杆直直的，刚劲有力地耸立在池水中，似一根顶天立地的柱子；有的茎略为弯曲，就像女孩子那婀娜的身影；还有的茎缠绕在一起，像一对相依相偎的恋人。“小荷才露尖尖角，早有蜻蜓立上头。”这时，一只蜻蜓轻轻地飞落在荷花上，为这景致增添了一分生机、一分活力、一分情趣。

多美的荷花啊！我陶醉在这美丽的景色中。突然，天下起了蒙蒙细雨。不久，雨大起来了，雨水打落在池水里，溅起一朵朵银白的水花。荷叶下那些含苞待放的花苞儿看起来是那样的娇小，经不起风吹雨打。但那大大的荷叶像把大雨伞为她们遮风挡雨。我的心不禁为之一颤！深深感受到了伟大的母爱！

雨一直下着，脚蹲得发麻的我站起身来，才发现自己已全身湿透，似落汤鸡一样飞奔回家，推门进去，正好妈妈在家，她忙拿出干毛巾为我擦头，并准备好衣服要我赶快洗澡。看着妈妈忙这忙那，我想起了“树犹如此，人何以堪”这句话来，是的，我没有理由再去嫉妒荷花花苞所拥有的那份呵护。

【简 评】jian ping

文章清新、自然，语言流畅，荷美好的形象跃然纸上。同时，作者将母爱的光环罩在荷上，让人在欣赏荷之美丽的同时也感受到母爱的情意。从写荷的美上升到母爱，过渡自然，水到渠成，使文章的主题自然得到了升华。

含羞草 /· · · 杜 阳

是那个阴冷的早晨，是那阵绵绵的细雨，使我认识了它。阳台的窗户为了给爷爷的那些名贵的花草透些新鲜空气而开了一条小小的缝，而闯进来的雨偏偏又淋在这盆小小的草儿上。它紧缩着叶片，茎向下低垂着，显得那么无力……

这小草是弟弟从野外移来的，栽进了这最小的花盆。爷爷的精力只给了那些娇嫩的花草，未曾想它竟也一天天地活了下来。

我的心不知为什么一下子生出一种爱怜，可怜这小小的草儿，可怜它遭到如此冷落。于是，这盆小小的草儿，这一点点悠悠的绿，便在我的斗室里扎下了根。

细细的叶片，一片片呈鹅羽状对生排列，永远都是那么不起眼儿。这小巧玲珑的草儿哟，没有月季的芬芳，没有玫瑰的多情，没有牡丹的迷人，甚至只要用指尖轻轻碰一下，它也要立即缩起叶片，垂下茎，仿佛一个害羞的少女。但它也有自己不同寻常的美——细小的身体，精巧的叶片，悠悠的、让人心醉的绿。

我把它小心地放在窗台上，细心地照料着。浇水、松土……这小小的草儿长了，长高了，长大了。

下雨了，小雨轻轻地飘着，一滴一滴地打在它身上。它又急忙拢起了叶片，但也不忘享受这春的甘露。雨一滴一滴地顺着叶片流淌，仿佛一颗颗晶莹剔透的珍珠。啊，多美啊——这雨中的小草儿，它终于像别的花草一样，也拥有了一份阳光、一份雨露、一份美丽和幸福。雨过天晴了，太阳将柔和的光照在它身上，水珠上映出了一道道七彩的光。它笑了，身上发散着浓浓的绿。如果你闭上眼睛凑到它跟前，还会闻到淡淡的香气呢！

日子一天天过去了，小小的草儿也一天天长大了。一个阳光灿烂的清晨，我惊奇地发现，在那一小丛绿中，竟发出了一点淡红色的光！它没有忘记将自己的生命之光奉献给自然。

小小的花儿盛开着，悠悠的绿喷涌着。尽管仍是那么的微不足道，可是仍将自己的微薄之力全部奉献出来。假如我将来做不了奇花异草，我宁愿化作一株小小的含羞草……

这是一篇状物抒情的作文。全文以含羞草的生长发育为顺序，描写它各个生长阶段的独有形态，条理十分清晰。尤为可贵的是，由于小作者亲自侍弄、照料这稚嫩的生命，对含羞草观察、体味入微，描绘细腻，字里行间流露出的先是怜爱、后是惊奇，感佩之情十分自然，毫无做作之感。

玉兰赞/···马颖亮

是雪花缀满枝头，这般晶莹洁白？是白云在此逗留，如此婀娜多姿？喔，她比雪花更圣洁，比白云更端庄——她是盛开的玉兰花，人间的美丽之花！

昨日，枝头只有毛茸茸的花蕾，一夜春风，花蕾个个绽开，硕大的花朵给大地带来一片生机。春光降临人间了！

晨曦中，玉兰披上一袭轻纱，霞光轻抹，五色缤纷，好似天上飘下的云彩。

休息时坐在树下，举目仰视，蔚蓝的天，洁白的花，自由的风，欢快的鸟，这一切神奇地组成了一幅绝妙的图画：衬在玉兰后面的天空如平静清澈的湖面，洁白的花朵像一群纯洁的天鹅，风在她们前后欢呼，鸟儿为她们伴奏，她们在湖面翩翩起舞。

月白风清之夜，玉兰承受着月光的爱抚，亭亭玉立在深蓝的天际下，素雅、娴静，好似下凡的广寒仙子。

娇柔的花瓣，优美的花形，纯洁的白色，构成一朵朵圣洁美丽的玉兰花。她确实是天工神匠用洁白无瑕的美玉琢成的稀世珍品，她和国色天香的牡丹一样奔放，又如凌波仙子一样飘逸，她比荷花更秀丽细腻，比菊花更朴实亲切。可是她在人间逗留的时间不长，仅仅几天就先后凋谢。转眼间，洁白的花瓣撒落一地，常引起人们怜惜。然而，她的神韵依然浮现在人们脑海里——她已把美好的形象铭刻在人们心间。

我爱玉兰，爱她的纯洁高雅。弃妖冶之色，去轻佻之态，无意与群芳争艳，不惹蜂蝶狂舞。她不选择在温暖舒适的暮春中吐艳，却在冷雨中挺立，在寒风中怒放。无论高缀枝头，还是飘落在地，始终保持着一尘不染的品格。即使埋入泥土，也是一片芳心，洁白无瑕。她以自身的形象，启示人们制定生活的准则。

人的生命之花，也和大自然里的花朵一样色彩繁多，姿态各异。如果长久开放的生命之花是会被污泥沾染的，那我愿为仅开一天的纯洁的花；如果有些花易色能继续开放，我愿为保持自己的本色而悄然离去。人虽不能都成为具有伟大功绩的英雄，却能应该并且能够像玉兰一样高尚朴实、圣洁无瑕。为了装扮出人间美好的春天，即使遭受风雨摧残，“零落成泥碾作尘”，也仍然会在人间留下“香如故”。

愿人间开满洁白的玉兰花,愿人们的心灵似玉兰般圣洁无瑕!

【简评】jian ping

摹物如诗如画、立意含蕴深远是本文成功的主要原因。

作者在对玉兰进行摹状时为我们描绘了一幅幅生动而又充满诗意的画面;晨曦中的玉兰花似天上飘下的云彩,朦胧淡雅,如烟似梦;蓝天、风儿、鸟儿映衬下的玉兰花,如翩翩起舞的天鹅,美丽优雅;月白风清之夜、深蓝的天际下,好似下凡的广寒仙子,素雅娴静。此图此景,怎不令人为玉兰花的纯洁美丽而赞叹。

作者在描绘了玉兰的外在美后, 又写到了它品格的美:"在寒风中怒放"、始终"一尘不染""洁白无瑕"。并由此联想到人类也应像玉兰花一样"高尚朴实、圣洁无瑕",使文章主题得到了升华。

室中典雅水仙花(节选)/··· 韩士奇

水仙属石蒜科多年生球茎植物,它分为单瓣花和复瓣花两个品系。单瓣花是六片白色花瓣中间带有黄蕊,宛然如盏,故称金盏银台;复瓣花叫作千叶水仙,其花皱卷簇,玲珑别致,故称玉玲珑;单瓣花尤为清雅,更为人们所喜爱。水仙品系虽不多,但一个个像洋葱头一样的花球,经花工雕刻,能长出多姿多彩的艺术造型来,形如"金鱼""孔雀""铁李葫芦""松鹤延年"……成为有生命的艺术品。

家庭室内怎样养好水仙呢?

选球选购水仙花球时,先看形:应选择肥大充实、出芽口大的花球,这种球内部叶和花芽发育较良好;观色:看花球外壳的色彩,以深褐色、色膜完好明亮为优;按压:用拇指和食指捏住花球上下端稍用力按压,感到坚实、有弹性为优。

球茎处理:水仙球水养之前,先剥去花球上下干枯鳞片,洗净表面,用小刀将花球顶外皮划成十字形，浸水一两天后，洗净切口的黏液，再用湿棉花覆盖伤口，以防受冻、变色。尔后将处理好的花球，用小石簇拥在水盆中，使水浸到花球三分之二处，每二至三天换一次水。

养护水仙喜欢冷凉、潮湿、日照充足的生态环境，最宜在15℃条件下生长，南方地区浸养水仙，多数在25~28天就开花；北方地区浸养水仙，多数在35天后开花。如果要让水仙在春节开花，南方地区要在春节前一个月浸养水仙；北方地区要在春节前40天浸养水仙。水养水仙，不需任何花肥，只用清水就行。为防花茎短叶子长，白天常把水仙花盆拿到室外晒太阳。如果天气暖和，水仙可能会提前开花。如果到了含苞待放时，想推迟花期，那就采取遮光或降水温办法，使水仙放慢开花。如果春节前夕达不到"佳节案头水仙开，幽香阵阵扑鼻来"时，从节前七天即可观察到花苞不饱满、开花期迟的兆头，北方地区可采用给水加温法催花，水温以接近体温为宜，南方地区还可以在白天将花移到室外晒太阳，夜晚移入室内的办法来补救，这样就可达到花随人意开的目的了。

【简评】

水仙有"凌波仙子"的美称。本文作者向我们详细地介绍了室内养水仙的知识，从选购花球到控制开花时间无一不做细致的描述。阅读时要仔细体会作者这种说明方法。

闪亮在露珠上的童年的天真

猫·老鼠·鹰

生物卷

听起来悠悠扬扬，撩动人的情思

有人问鹰："你为什么到高空去教育你的孩子？"

鹰回答说："如果我贴着地面去教育它们，那它们长大了，哪有勇气去接近太阳呢？"

鹊雀为邻 / · · · 冯剑华

鹊是喜鹊。喜鹊与我为邻,是许久以前的事了。

十几年前,搬进现在的住处。新住处房头有三棵大杨树。正当4月,毛茸茸的紫穗铺出满地春意,树上的枝柯间,架着一个鸟巢,那就是喜鹊的家了。喜鹊比我先来,老住户了。俗话说先入为主,喜鹊向我致以热情洋溢的欢迎词。自此,喜鹊在树我在楼,朝夕相望,声气互闻,我与喜鹊比邻而居。

我的芳邻是很漂亮的一对,它们以黑白两色为衣,显得俊俏而又华贵。树上的鸟儿成双对,这是一对恩爱夫妻,每日里双进双出,比翼齐飞。有时,一只静静地站着,另一只则在枝叶间跳来跳去,那是丈夫在向妻子显示自己的矫健强壮吧?有时,一只在另一只面前轻轻梳理羽毛,显得无比温柔,那一定是妻子在为丈夫打扮自己了。它们每日在绿叶间出出进进,飞来飞去,十分忙碌的样子。三春之鸟,猜想它们正在忙着生儿育女吧?果然,不久后那树上的小巢便明显地热闹起来,又不久后,绿叶间飞进飞出的身影也明显地增多。邻居不讲计划生育,如今那树上是一个热热闹闹的大家庭了。

热热闹闹的大家庭的成员们个个喜欢热闹,它们一天到晚喳喳喳叫个不停。就像京剧团的司鼓能把只有节奏没有旋律的鼓点敲出各种花样一般,我的邻居们能把一个"喳"字叫出多种感觉。喳——喳——单音节带点儿拖腔,这是慢板;喳喳喳喳,这是急急风;更多的时候,是喳喳喳喳一路喳将下去,大有江河行地,一泻千里之势。赶上我的邻居们高兴,来个家庭大合唱,那可就简直是振聋发聩,气冲霄汉了。

严格说来,我的邻居们不是音乐家,它们的叫声缺少抑扬顿挫,缺少婉转曲折。但它们绝不缺少热情。它们是天生的乐观主义者。它们叫得无忧无虑，叫得欢天喜地，叫得昂扬激越。似乎它们有着一肚子的高兴事要与人分享，因此它们的叫声极富感染力。听着它们的叫声，你不知不觉地也无忧无虑，欢天喜地起来。

喜鹊，喜鹊，难怪人们送给它这样一个喜气洋洋的名号呢。

喜鹊伴我，清晨，它用欢快的叫声送给我一天的好心情。傍晚，又用欢快的叫声扫去我一天劳作的疲惫。

既是邻居，便免不了有些来往，准确地说，是来而不往。喜鹊有时会来我的小院造访。它有时停在阳台的栏杆上，好奇地向房里张望。我在院子里看书时，它又会文文静静站在院墙上，小脑袋左一歪右一歪，长长的尾巴向上一翘一翘的，像给我的阅读打拍子。我想起那个古老的童谣："山喜鹊，尾巴长，娶了媳妇忘了娘？"，我问喜鹊："你是不是那个娶了媳妇忘了娘的坏小子？"喜鹊不理我，拍拍翅膀飞走了。哈，生气了，害羞了，这个小东西！

喜鹊解我寂寞，给我以欢乐，有这样一群勤劳、热情的喜鹊为邻，着实让我高兴。

像一些好故事却有个坏结局一样，悲剧终于发生了。

喜鹊温馨的家被毁掉了。

毁掉喜鹊家园的是我的同类。

是我外出三天后归来。房头空空荡荡，三棵树不见了，只余下三个白森森的树桩儿，慢慢渗出一滴滴黏稠的汁液。那是树的眼泪吗？是树的血液吗？这里发生过一场怎样的杀伐？大树轰隆倒地，枝断叶残，满地狼藉。喜鹊的家就这样被粉碎了，失去了家的喜鹊该是怎样凄惶悲伤，它们一定在这里流连徘徊过，它们一定是一去三回头地离开了自己的家园。"绕树三匝，无枝可栖"，那是择木而栖的悲哀，而我的喜鹊却无树可绕，那才是真正的大悲哀。从此，这里没有绿荫，没有鸟鸣，没有满地毛茸茸的紫穗。白花花的太阳照着白花花的水泥楼群。

不知道我的邻居们如今在哪里。

雀自然是麻雀。

说与麻雀为邻，不大确切，准确地说，麻雀只是我的半个食客而已。

对麻雀，我一直怀着一种说不清的感情。都知道那场关于麻雀的冤案。四十年前吧，把麻雀与苍蝇蚊子老鼠一起并称为"四害"，都在被消灭之列。不管城市农村，人们拿着脸盆竹竿，见麻雀飞过来就用竹竿赶，敲脸盆轰。这样麻雀被到处轰赶着，无法落脚，只能不停地飞呀飞，直飞到力尽气绝，落地身亡。不久后，科学家出面为麻雀平反，说麻雀吃粮食也吃田里的害虫，保护庄稼，功过相抵，功大于过。于是麻雀才得昭雪，摘掉了“四害”帽子。

虽遭此大劫，麻雀家族却依然人丁兴旺，昌盛繁荣。如今，身居闹市的人们已经很难再见到别的鸟类了，唯有麻雀还不时来看看被钢筋水泥囚禁着的人类。

我为人类曾经强加给麻雀的冤假错案歉疚，又佩服它们顽强的生命力，和对人类不计前嫌的态度。

我很想为麻雀们做点儿什么。

冬天了，田里的庄稼收进人的粮仓了，虫们躲进泥土里冬眠了。吃粮食又吃害虫的麻雀们靠什么生存呢，它们该是又饥又冷的吧？

我赠麻雀以食物。怕白色的大米不醒目，不容易引起注意，便抓一把黄灿灿的小米，怕把米放在地上它们不容易发现，我把黄灿灿的小米放在高高的院墙上。我想象那黄灿灿的小米会立刻被饥饿的麻雀们一扫而空。

竟没有。几天过去了，黄灿灿的小米依然完好无缺地堆在院墙上。

小东西们很高傲，拒绝我的馈赠。几个冬天了，我为麻雀们高傲的拒绝感到挺丢面子。

今冬，麻雀终于来了，而且是在我还没有把小米摆上院墙的时候，而且是成群结队，而且是一日数次，光临我的小院。

把麻雀邀请来做客的，是院子里那一架葡萄树。

初冬时节，我外出数日。突然到来的寒流，把一些还未来得及采摘的葡萄就那样冻在枝上。一只巡游的麻雀发现了，于是它呼喊上父母兄弟，呼喊上亲朋好友，呼喊上七大姑八大姨，浩浩荡荡飞进小院，来赴盛宴。

小院前从未有地热闹起来了。麻雀们像古代文人雅士一样且吃且舞。叽叽喳喳的叫声，扑扑簌簌地扇动翅膀声，跳上跳下时枝条弹动的咔咔声，还有碰翻落叶金属般的响声，构成一个多声部的交响曲。麻雀们也爱唱，它们有时以个体为单位，叽叽喳喳，低吟浅唱。有时则是齐声大合唱。这是个训练有素的合唱队，队员们个个纪律严明。唱时则齐声高歌，声遏行云，停时则戛然而止，鸦雀无声。a.吃着我的葡萄且歌且舞的麻雀却不愿看见我这个主人，我刚在窗前站下，它们就呼啦一声全飞走了。如是者三，也许是禁不住葡萄甜美的诱惑，也许是见我并没有伤害它们的意思，麻雀们试试探探地回来继续它们的歌舞盛宴。

我不失时机地趁黑夜在院子里撒上大米小米，请麻雀们第二天食用。

b.我的食客们高兴了，饿了就落在地上，啄食雪白的大米，金黄的小米。渴了就飞上枝头，吮吸葡萄甘甜的汁液。以粟米为肴，以果汁为酒，我的食客们心

满意足,小院里歌舞升平,一片祥和。儿子送我一副对联:

孟尝君食客三千,冯剑华食客一群。

横批:麻雀乐园

只是我的食客们依然与我保持着一定距离。我只可以隔着玻璃,远远观望,却不能走到它们中间,玻璃如同一道"三八线",隔开了我与麻雀。但是至少,它们不再拒绝我的赠予。

按儿子的说法,人对鸟好或者不好,鸟是知道的。

我说,我对麻雀那么好,麻雀为什么不愿意让我亲近呢?

儿子说,它们怕的是整个人类,只你一个人对它们好有什么用呢?

我默然。

但我知道,善待鸟类的绝不仅仅是我一个人。

与你共品

yu ni gong pin

喜鹊的一家恩爱有加,欢乐和谐,其叫声让人无忧无虑,送给"我"一天的好心情。可人类无端的加害,使得它们失去家园,是鸟的悲哀,更是人类的悲哀,作者的心声是希望人类能爱护鸟,保护生态环境,也是爱护我们的家园。

个性独悟

ge xing du wu

★"对麻雀,我一直怀有一种说不清的感情"。这种"说不清的感情"是什么感情?

★从画线句 a 处和画线句 b 处的描写中我们可以悟出什么样的道理?

圣诞节老鼠 /···[美] 戴安·史密斯

我们住在一栋有一百多年历史的厚实的石头房子里。它位于纽约州洛克波特郊区山脊顶上一个岔路口。虽然它像个堡垒,颇有特点和魅力,但是那房子有裂缝、漏洞,冷得够呛。

那是1981年的圣诞节。我在那年动了恶性肿瘤手术之后,对每一天生活的价值有了新的认识,也更理解爱和家庭的含义。那年的圣诞节很不寻常,我们全家8口人大团圆。

我在准备圣诞节晚餐。屋里闹哄哄的,立体声设备播放着节日音乐,厨房里锅镬相碰哐当作响,年轻人不停地哄闹。猫儿们以它们固有的方式远离喧嚣,躲在楼上。

就在此刻,我意外地瞥见有一个小东西在动,在一片熙熙攘攘中,我看到地上一只漂亮的小拉布拉多白足鼠就坐在猫食碗当中吃着猫干粮。我难以置信,一声不响地盯着看。我要确定不是我凭空想象。那小白足鼠非常迷人。

它蹲着,圆胖的屁股稳稳着地,小前爪举着一块猫食。圆形的猫食当中是空的。小老鼠一只爪子抓住猫食,就像个小胖家伙在啃炸面包圈。它吃完一块又吃另一块,拿在小指头里翻个儿,不断调整直到位置完全合适才开始细啃。

我蹲下来瞧着它,引起它那亮晶晶黑眼睛的注意。我们相互凝视了片刻,然后它避开我的目光,无动于衷地继续吃。

"嗯!"我轻轻地叫屋里的人,"来瞧这个!"

小老鼠在一大伙人向它逼近之前会跑掉吗?

11个人弯着腰站成一圈,七嘴八舌,惊异地望着它,可它依旧坐在那儿,信心十足地看了看围观的人，把“炸面包圈”转了个90度，继续细啃。

我们全都惊讶不已。是什么使得它如此勇敢？

有人拿来相机。闪光灯啪啪闪亮，小老鼠还是安详地继续吃它的圣诞节美餐。碗中的猫食越来越少，它不时停下来，闪亮的眼睛以自信的目光瞥我们一眼。

小老鼠的胃是个无底洞，但终于填满了美食。我们就此愉快地观赏了好一阵。然而我感到不安了，因为快到本楼另外两位住户老猫进餐的时候了。猫一来，这只圣诞节小鼠就会遭殃，在随后的混战中它将严重受伤或死于非命。

我弯身靠近小老鼠。“听着，”我细声说，“你的光临，我们感到非常荣幸。不过现在你该离开这儿，回到老鼠当中去。你的生命有危险。如果允许的话，我护送你出去。”

我伸手抓起小老鼠。出乎意料，它既不试图咬我也不惊慌失措，只是安详舒适地坐在我的手掌上，前爪放在大拇指上，等待事态发展。它瞧着我，是个名副其实的迪士尼卡通片里聪明、友好的童话小老鼠的模样。

“你到底是谁?”我轻声问道，“你确实是只老鼠吗?”我头脑中那冷静、理智的部分嘲笑我问出这样的问题，但是不可否认，这只圣诞节小老鼠有些神秘莫测。

我把它抱出门外。天色已暗，白雪皑皑，空气清新刺骨。我蹲在靠灌木丛的地方松开了手。小老鼠坐在我的掌心上，不慌不忙地环顾四周，然后跳上我的肩膀。我坐在雪地上，它坐在我的肩膀上，一个女人和一只小老鼠就这么在一起凝视着黑夜。最后，它使出与它小小身体不相称的劲儿，猛地一蹦，横穿空间落在灌木丛里，消失得无影无踪。

小老鼠的来访给我们留下的惊讶至今非但没有减弱，反而增强了。因为我们这些生活在乡下的人完全懂得野鼠怕人，拉布拉多白足鼠尤其胆怯。它们不像普通的家鼠，总是避开住人的房屋。尽管它们迷人、惹人喜欢，在荒野里还会叫出调子来，但是不接近人。

野生动物在精神正常的情况下跨越了动物与人的界限，这种稀罕而又感人至深的例子给我们留下了奇异的感受。它默默地使我们感受到欢乐、宁谧、信任和奇妙。它是只令人愉快的神秘小鼠，它本身就是个奇迹。

与你共品

一只可爱的小白足鼠在圣诞节之夜来到一户人家做客，为我们演绎了一场真实的童话。我们只知道人与鼠永远在进行着没有结果的战争，而这只老鼠给人们带来的却是欢乐、宁谧、信任和奇妙。

个性独悟

★小老鼠的吃态，在作者笔下被描绘得可爱到了极致，这缘于作者怎样的心境？

★“你确实是只老鼠吗?”这样的问题反映了作者内心怎样的疑问？

★文章结尾一段的慨叹，让我们想到了什么？

快乐阅读

鹰

[法]布　丰

鹰在体质上与精神上和狮子有好几点相似：首先是气力，因此也就是它对别的鸟类所享有的威势，正如狮子对别的兽类所享有的威势一样；其次是度量：它和狮子一样，不屑于和那些小动物计较，不在乎它们的欺侮，除非鸦、鹊之类喧噪得太久，扰得它不耐烦了，它才决意惩罚它们，把它们处死。而且，鹰除了自己征服的东西而外不受其他的东西，除了自己猎得的食品而外不贪其他的食品；再次是食欲的节制：它差不多经常不把它的猎获品完全吃光，它也和狮子一样，总是丢下一些残余给别的动物吃。它不论是怎样饥饿，也从来不扑向动物的尸体。此外,它是孤独的,这又和狮子一样,它住在一片荒漠地区,保卫着入口,不让其他飞禽进去打猎;在山的同一部分发现两对鹰也许比在树林的同一部分发现两窝狮还要稀罕些:它们彼此离得远远的,以便它们各自分占的空间能够供给它们足够的生活资料;它们只依猎捕的生产量来计算它们王国的价值和面积。

鹰有闪闪发光的眼睛,眼珠的颜色差不多与狮子的眼睛相同,爪子的形式也是一样的,呼吸也同样地强,叫声也同样有震慑力量。既然二者都是天生来就为着战斗猎捕的,它们自然都是同样地凶猛,同样地豪强而不容易制伏,除非在它们很幼小的时候就把它们捉来,否则就不能驯服它们。像这种小鹰,人们必须用很大耐性、很多的技巧,才能训练它去打猎;就是这样,它一长大了,有了气力,对于主人还是很危险的。

我们由许多作家的记载里可以知道,古时,在东方,人们是用鹰在空中打猎的;但是现在,我们的射猎场中不养鹰了:鹰太重,架在臂上不免使人吃力;而且永远不够驯服,不够温和,不够可靠,它一时高兴或者脾气一上来,可能会使主人吃亏的。它的嘴和爪子都和钉钩一般,强劲可怕;它的形象恰与它的天性相符。除掉它的武器——嘴、爪而外,它还有壮健而厚实的身躯,十分强劲的腿和翅膀,结实的骨骼,紧密的肌肉,坚硬的羽毛,它的姿态是轩昂而英挺的,动作是疾骤的,飞行是十分迅速的。

在所有的鸟类中,鹰飞得最高;此所以古人称鹰为"天禽",在鸟占术中,他们把鹰当作大神朱彼特的使者。鹰的视力极佳;但是和秃鹫比起来,嗅觉就不算好,因此它只凭眼力猎捕,当它抓住猎获品的时候,它就往下一落,仿佛是要试一试重量,它把猎捕品先放到地上,然后再带走。虽然它的翅膀很强劲,但是,由于腿不够灵活,从地上起飞不免有些困难,特别是载着重的时候,它很轻易地带走鹅、鹤之属;它也劫取野兔,乃至小绵羊、小山羊;当它搏击小鹿、小牛的时候,那是为着当场喝它们的血,吃它们的肉,然后再把零碎的肉块带回它的"平场";"平场"是鹰窝的特称,它的确是平坦的,不像大多数鸟巢那样凹下去。通常它把"平场"建在两岩之间,在干燥而无法攀登的地方。有人肯定地说,鹰做了一个窝就够用一辈子,那确实也是一个一劳永逸的大工程,够结实、能耐久。它建得差不多和楼板一样,用些五六尺长的小棍子架起来的,小棍子两端着实,中间横插一些柔软的树枝,上面再铺上几层灯芯草、石楠枝之类。这样的楼板,或者说这样的窝,有好几尺宽广,并且足够牢固,不但可以经得住鹰和它的妻儿,还可以载得起大量的生活物资。鹰窝上面没有盖任何东西只凭伸出的岩顶掩护着。雌鹰下的卵里还有不能化雏的,因此人们很少发现一个窝里有三个雏鹰:通常只有一两个。人家甚至于还说,雏鹰稍微长大一点,母亲就把最弱的一个或贪馋的一个杀死。也只有生活艰难才会产生出这种反自然的情感:父母自己都不够吃了,当然要设法减少家庭人口;一到雏鹰长得够强壮、能飞、能自己觅食的时候,父母就把它们赶得远远的,永远不让它们再回来了。

与你共品

yu ni gong pin

本文选自《自然史》。布丰(1707~1788),法国博物学家、散文家,进化思想的先驱者。著有《自然史》三十六卷。他的作品不仅具有说明文知识准确、用语严谨的特点,而且富有文采,动物史部分的描写尤为精彩,本篇即选自其中。

在这篇动物肖像描写里,作者对鹰的生活习性、家庭生活和捕猎情况作了详细的介绍,尤其强调了鹰这种动物的王者风度。阅读时注意把握对比手法的应用。

个性独悟

ge xing du wu

★文章采用对比手法,着重在哪些方面比较了鹰与狮子的相似点?

★鹰的天性是什么?(用原文语句回答)

★作者在介绍鹰的有关知识的同时,着重突出了它在精神气质上的什么特点?

翠绿色的歌 /···高洪波

在我的故乡,小孩子夏天的主要乐趣是逮蝈蝈。大肚子蝈蝈在郊外草丛间整日欢叫,诱惑着我们。而与蝈蝈竞争的,另有一种鸣虫,俗称“山叫驴”。一看这名字,便可知道它们的叫声是何等嘹亮!“山叫驴”的模样儿、长相和蝈蝈差不多,所不同者,蝈蝈身上穿的是“短袖”,“山叫驴”着的是长衫。也就是说,“山叫驴”有一副长长的翅膀。这翅膀使它们颇为自豪,常常在树丛间作短距离飞翔,以逃避我们的追捕。而蝈蝈由于肚子大、翅膀短,只能靠弹跳的敏捷和绿的保护色来逃命,比起它的竞争对手,显得有些可怜。

但蝈蝈的叫声好听,有一种悠悠的韵味、秋野的节奏,同时翠绿可爱,较之“山叫驴”来,尤为我们所珍重。常常三只“山叫驴”也顶不住一只蝈蝈。而“山叫驴”由于仗着会飞,不大把小孩子放在眼里,这种傲慢无礼使它们极易被捕捉(或者是一种笨拙)。总之,在我们这群小猎人中间,能捉到蝈蝈的人是不太多的,“山叫驴”却每每能够一捉好几只。

“山叫驴”的叫声没有间歇,翅膀上的“小镜子”一摩擦,发出极长的“吱——”声,稍歇,又是一声,于是,整个夏日便为这“吱——”声所充盈,使大人们烦闷异常。此外,“山叫驴”的性情也很凶狠,大牙齿亮亮的,什么都敢咬上一口,同伙之间也不客气,若几只放一个笼子里,用不了一会儿工夫,管保打得昏天黑地,断腿缺胳膊。它们真有一种“驴性”。

蝈蝈喜欢在两种植物上生活栖身:一种是豆叶儿,一种是麻秆。豆叶儿上的蝈蝈长得清秀,浑身碧绿油亮,大肚子也显得不那么突出;麻秆上的蝈蝈则色调浓绿,更为肥壮,也许是因为麻秆儿高大,蝈蝈也跟着沾了光吧!

蝈蝈虽然大腹便便,其实却机智得很,至少在当时的我们眼里,它们是一种难对付的猎物。它的叫声一起,有时仿佛就在你眼前和鼻子底下,却怎么也搜索不出,只好听任它嘲弄般地唱着小调;眼力好的孩子,偶然盯住了它,常常刚一伸手,它倏忽间便隐身了,好像适才看到的只是一个幻影!当你失望地离开那草丛、那豆棵、那麻地时,脑后又响起它的挑衅性的欢叫——这种叫声是多么令人恼怒,又是那么令人无可奈何! 至今想来,还有些耿耿于怀。

顶让人失望的,是你眼见一只蝈蝈跳入一蓬草丛,四处搜索不着,正失望时,又发现了它,及至逮住一看,竟改变了"性别",成了一只母蝈蝈了。这事我碰到过好几次。

母蝈蝈不会叫,肚子后边拖一把"大刀",威风得很。这"大刀"是产卵器,专门为小蝈蝈的出生而插入土里的,按理说是极先进的一项设备。但在当年,这种母蝈蝈顶扫我们的兴! 甚至将它们认作"汉奸""特务",专门掩护公蝈蝈逃亡的坏蛋。捉到它们时,要么扔得远远的,要么踩死,要么剪断"大刀",让它在笼子里滥竽充数,以炫耀自己逮蝈蝈的水平。

现在想来,这种做法颇不"人道",其实若没有这些母蝈蝈的孕育,田野中的歌者无疑会绝种的。

但当时却只恨它对"丈夫"的掩护和替换!以及这种替换带给我们的无尽的懊恼和失望。

在我逮蝈蝈的历史上,没有什么过于辉煌的胜利。也许在我的故乡,"山叫驴"太多太盛,这一种族的繁衍抑制了蝈蝈们的发展,使它们在竞争中处于弱者的地位。因此,一见到北京城里贩蝈蝈的农民,心里便升起一种久远积淀下的妒忌,真不知道他们是怎样使手段逮住这么多宝贝的?

我很想在买蝈蝈时询问一下,可一想到自己的年纪,便噤了声。而且我知道,即便我觅到了逮蝈蝈的秘方,或是探得了蝈蝈们栖身之地的方位,也无法去弥补当年的缺憾了。

毕竟时光流逝,这蝈蝈之恋也是二十多年前的往事了。何况在马路上,以极便宜的价钱顺手买得一只蝈蝈,这本身就显示出了一种城里人的"专利"。买回的蝈蝈,叫声很响亮,一点儿也不逊于当年自己亲手逮的蝈蝈。

然而我还是有些惆怅。蝈蝈的叫声,浑似一曲翠绿色的歌,蕴含着秋野的呼唤,草叶的芳香,以及闪亮在露珠上的童年的天真,听起来悠悠扬扬,撩动人的情思。

一毛五分钱,买回一只蝈蝈,也买回一曲秋声,一缕回忆,真值。

与你共品

yu ni gong pin

童年时逮蝈蝈的情景如在眼前,描写生动形象,充满了童心童趣。

个性独悟

ge xing du wu

★本文是抓住两种蝈蝈的哪些特点写的?

★读一读第五自然段,想想第一句话和后面几句话是什么关系?

快乐阅读

kuai le yue du

青鸟情/···龙永杰

院里飞来两只小鸟,乌黑的翅膀,雪白的脊梁,人们叫它青鸟。或清晨,或傍晚,总在树上跳来跳去,唱它们自己的歌。中午,常是回家一趟,却不进窝,在院中,双足跳跃着,说它们自己的话。乏了,多在树上相偎着,闭了眼儿,做一短暂的小憩。待人们去田间劳作,它们"嗖"地飞起,一前一后,平展了双翅,斜斜地绕过屋顶,互应一声,转个圈儿,飞向远方。

它比麻雀大,比喜鹊小,也不像燕子那样筑窝,屋檐墙上有孔小洞,便是它们温暖的家了。它们形影相随,步调一致,是对可爱的小夫妻。

过了一月,又过了一月,人们很少听到它们的歌声了,却意外地发觉洞里有了叽叽喳喳的叫声,也看到它们飞来飞去,格外忙碌。原来它们已是有了儿女的"人"呢!

5月的一天下午，突地阴了天，嘎地来了雷，眼前一个闪电，雨点就跟着风来了。风一起，大雨泼了下来。从田里跑回家的人，淋得精湿，赶忙换衣服，然后出着长气，屋檐下站了，一边擦头脸的雨水，一边望着外面的雨线，议论起雨的来势。倏忽，从那昏昏的天边，望着了一个白点，像风筝在飘。白点愈来愈近，像要落地似的，但那风儿太猛，总使它忽高忽低，落不下来。几多盘旋，几次挣扎，总也是高了又低，低了又高。人们终于看清了，是一只青鸟，但那一只呢？猛地，只见它斜着翅膀，硬是冲了下来。低了，又一个圈儿，冲进院子。嘿，它嘴里还衔着条虫子哩！它一飞进院子，树上便响起另一只青鸟的叫声。随着叫声，洞口便探出四个小鸟的脑袋，张着扁扁的镶着黄边的嘴巴，吵嚷着要食吃。它飞进洞去，不知给哪只小鸟喂了，飞出来，叫上一声，另一只飞去了，它却落在那里，守护着洞口，任风儿去刮，任雨儿去淋。

那飞走的，也极是艰难。风猛雨急，它全然不顾了。高空一阵呼啸，使它失去了方向，零乱了羽毛，一个握不住，划道弧线，像石块般抛到街上。它摔坏了，一动不动，怕是再也飞不起来了呢！

我不禁为它动情了，便跑出门去，想把它逮回来，免得雨中受苦。但它毫不理会，极力挣扎，但还是被我捉了回来，擦了雨水，放在炕上，用筛儿盖了，让它暖和。它先是安静地躺着，一会儿工夫，似乎缓过了气力，再也不安于这温暖的地方了，急着出去，撞得筛子乱响。傻鸟儿，难道忘记外面在下雨吗？难道不知道黑夜就要来了吗？为什么一定要去冒险呢？我刚揭开筛子去看，它却瞅准方向，扑噜一声，飞了出来，冲门而去了……

雨小了，人们都回了屋去，我却千般儿万般儿地不安，望望那昏昏的雨空，不知它飞向哪里，在干着什么，树上的那只，也终未进洞去，缩着颈脖，静静地栖守着……

与你共品

yu ni gong pin

《青鸟情》饱含一个“情”字：两只青鸟的嬉戏、亲昵之情，大鸟对小鸟的辛勤哺雏之情；青鸟以细小身躯搏击风雨的豪情；还有“我”对它们的怜爱之情。作者写鸟，寄托作者的一份感情，这种寄托，只有有心人、有情人才能领会。

个性独悟

ge xing du wu

★根据文章的描述，请用两句话概括青鸟的外形特点、飞行动作等内容。

★体会下面句子的含义。

①它却落在那里，守护着洞口，任风儿去刮，任雨儿去淋。

②树上的那只，也终未进洞去，缩着颈脖，静静地栖守着。

★积累文中描写青鸟动作的动词。

快乐阅读

kuai le yue du

马/···周 涛

在巩乃斯后来的日子里，观察马渐渐成了我的一种艺术享受。

我喜欢看一群马，那是一个马的家族在夏日牧场上游移，散乱而有秩序，首领就是那里面一眼就望得出的种公马，它是马群的灵魂。作为这群马的首领当之无愧，因为它的确是无与伦比的强壮和美丽，匀称高大，毛色闪闪发光，最明显的特征是颈上披散着垂地的长鬃，有的浓黑，流泻着力与威严；有的金红，燃烧着火焰般的光彩。它管理着保护着这群牝马和顽皮的长腿短身的马驹儿，眼光里流露着父爱和尊严。

马的这种社会结构中，首领的地位是由强者在竞争中确立的，任何一匹马都可以争群，通过追逐、撕咬、拼斗，使最强的成为公认的首领。为了保证这群马的品种不至于退化，就不能搞“指定”，也不能看谁和种马的关系好，也不能凭血缘关系接班。

有一次我碰上巩乃斯草原夏日迅疾猛烈的暴雨，那雨来势之快，可以使悠然在晴空盘旋的孤鹰来不及躲避而被击落，雨脚之快，竟能把牧草覆盖的原野一瞬间打得烟尘滚滚。就在那场短暂暴雨的吆打下，我见到了最壮阔的马群奔跑的场面。仿佛分散在所有山谷里的马都被赶到这儿来了，好家伙，被暴雨的长鞭抽打着，被低沉的怒雷恐吓着，被刺进大地倏忽消逝的闪电激奋着，马，这不肯安分的生灵从无数谷口、山坡涌出来，山洪奔泻似的在这原野上汇聚了，小群汇成大群，大群在运动中扩展，成为一片喧叫、纷乱、快速移动的集团冲锋场面！争先恐后，前呼后应，披头散发，淋漓尽致！有的疯狂地向前奔驰，像一队尖兵，要去踏住那闪电；有的来回奔跑，忙乱得像临危不惧、收拾残局的大将；小马跟着母马认真而紧张地跑，不再顽皮、撒欢，一下子变得老练了许多；牧人在不可收拾的潮水中被裹胁，他大喊大叫，却毫无反响，他的喊声像一块小石片扔进奔腾喧嚣的大河。

雄浑的马蹄声在大地上奏出的鼓点，悲怆苍劲的嘶鸣、喊叫在拥挤的空间碰撞、飞溅，划出一条条不规则的曲线，扭住、缠住漫天雨网，和雷声雨声交织成惊心动魄的大舞台。而这一切，得全在飞速移动中展现，几分钟后，马群消失，暴雨停歇，你再看不见了。

我久久地站在那里，发愣、发痴、发呆。我见到了，见过了，这世间罕见的奇景，这无可替代的马群，这古战场的再现，这交响乐伴奏下的复活的雕塑群和油画长卷！我把这几分钟见到地记在脑子里，相信，它所给予我的将使我终身受用不尽……

马就是这样，它奔放有力却不让人畏惧，毫无凶暴之相；它优美柔顺却不任人随意欺凌，并不懦弱。我说它是进取精神的象征，是崇高感情的化身，是力与美的巧妙结合恐怕也不过分。屠格涅夫有一次在他的庄园里说托尔斯泰“大概您在什么时候当过马”，因为托尔斯泰不仅爱马、写马，并且坚信“这匹马能思考并且是有感情的”。它们和历史上的那些伟大的人物、民族的英雄一起被铸成铜像屹立在最醒目的地方。

与你共品

yu ni gong pin

本文对马进行了描摹,描摹暴雨中马群的奔跑。马的奔跑给人以磅礴的气势,让人感受到马的力量、威严与权力,马的优美柔顺却不任人随意欺凌。文中的马象征着一种进取精神,是力与美的巧妙结合。

个性独悟

ge xing du wu

★文中侧面描写夏日暴雨迅疾猛烈的句子是什么?

★马的象征意义是什么?

★你赞成第三段的观点吗? 为什么?

快乐阅读

kuai le yue du

动物生活方式趣话 /···尹殿元

动物除了开辟生活领域,占领生活环境,瓜分食物,即占领生态位置谋求生存以外,还有各种各样的生活方式。它们在这方面的生存之路可谓丰富多彩。如集群、社居、共生、智生、共栖、寄生、错开活动时间、抢夺食物、使用工具等。

人们历来认为只有大脑发达的高等哺乳类和人类才能用智谋生活。其实有很多动物也能用计谋生活。

昆虫中的蚁狮的捕食方法十分巧妙。在沙地挖一个陷阱,它藏于井底,微露大牙,等候猎物的到来。蛾类中的盗蜜蛾能仿效蜂王的叫声,骗过蜜蜂的耳目,盗食蜂蜜。在非洲撒哈拉沙漠中,生活着一种沙漠蛇。它捕食的方法十分巧妙,原来,沙漠中干旱炎热,环境十分严酷,沙漠蛇要吃到四脚爬行类非常难得。这样,沙漠蛇不去四处寻找,而是采取“守株待兔”的方法。它先将身体埋入沙中,只将尾巴露在沙子外面,好像一株植物,随时招来食植物的昆虫。而沙漠蜥蜴是专吃昆虫的爬行类,见到昆虫便会立即前来捕食。谁知昆虫还未到嘴边,自己却成了沙漠蛇的腹中之餐。

鲨鱼和鲫鱼是一对智取食物的高手。鲫鱼头上有一个长圆形的吸盘,它经常吸住鲨鱼,但鲨鱼从不伤害它。这是为什么呢?原来这是鲨鱼和鲫鱼的合作捕食法,鲨不食鲫,故鲫对鲨不感到害怕。鲨不食鲫并不是鲫不能吃,而是通过这个行动给别的鱼类造成一种错觉:鲨鱼是和善的,它是朋友,不是敌人。这样就吸引了许多中小型鱼类前来和鲫鱼做伴。等到鱼多了,产生了混乱,鲨便凶相毕露,张开大嘴吞食那些不幸的上当者。所以鲨不食鲫是它们用的捕食幌子,这是别的鱼类都不会使用的生活高招。

动物中,有些种类的食物相同。它们怎样避免争食的矛盾呢?有办法,将捕食时间错开,有的在白天,有的在夜晚。这样做大家都能生存。这类动物常见的有老鹰和猫头鹰、燕子和蝙蝠等。还有一些动物都“上白班”,为了避开争食矛盾,就用划分生活环境的办法来达到生存的目的。如老鹰和苍鹰、黄鼬和林鼬,它们分别生活在城乡和山林猎取相同的食物。

有些动物自己不愿意费气力去捕食,而是从别的动物嘴里去抢夺现成的食物。这真是盗贼的行为。如蚁蜂、骷髅天蛾等盗食蜜蜂的蜜。最厉害的要算军舰鸟了,它能迫使鹈鹕吐出半消化的食物供它享用。

动物会使用工具吗?有的动物能利用工具来生活。加拉帕戈斯群岛有一种树雀,它能口含仙人掌的刺把躲在树缝中的虫子挑出来吃掉,至于海獭能用石头做砧砸开贝壳吃肉,黑猩猩能用树枝钓蚂蚁吃等已为人们所熟知。

动物的千奇百怪、多种多样的生活方式都是和它们所处的生活环境分不开的,环境越复杂就越能为动物利用环境采取不同的方式生活提供条件。

与你共品

yu ni gong pin

全文紧扣“趣”字着墨写得意趣盎然。文章的“趣”主要表现在动物的“计谋”描写上，蚁狮能挖掘陷阱，盗蜜蛾能乔装打扮，沙漠蛇能守株待兔，鲨鱼和鲫鱼狼狈为奸。文中的“趣”也表现在作者的用词技巧上，有的上白班，有的上夜班；有的划分生活区域，有自己的领空国土，有的则强行掠夺，这些完全是人的行为，用写人的词语写动物，分不清是人在学动物，还是动物在学人，写得趣味横生。

个性独悟

ge xing du wu

★能概括全文主要内容的一个句子是：

★你能再举出一个动物用计谋生活的例子吗？

作文链接

zuo wen lian jie

螳　螂/···孙　煜

夏天，螳螂又活跃在草丛里。

它潜伏在绿色草丛中，蹲在草叶上，跳跃在矮树梢上，鼓着犀利的双眼，窥视着苍蝇、蝗虫、蝴蝶的到来。当这些害虫大模大样临近螳螂时，螳螂便突然操起它那两柄带锯齿的“镰刀”，向它们砍去。于是，它们就变成了螳螂的美味佳肴。

螳螂像一个身材颀长的绿色女郎，娉婷多姿。那浅绿色的衣装是它的保护色，与绿色植物几乎一样。若不是它跳来跃去，人们很难用眼睛辨认出来。它那少女似的细长脖颈约有三四厘米长，支撑着一个十分灵活的头部，上面伸展出一对极为敏感的触角。它用后面的两对足蹲落在植物上，像跳高运动员准备随时起跳似的姿态。而它的前足则是觅食的"法宝"。它经常用嘴磨砺那锋利的"镰刀"，整理羽翼。

螳螂是专吃害虫的昆虫。它常常蜷缩在草丛里，一动不动地等待猎物。

早晨，太阳刚升起来，天气不算暖和。这时，螳螂躲在树根下避寒。这里也是蚱蜢、蝗虫经常出没的地方。螳螂不时转动两根触角，这些害虫稍有响声，便被螳螂这对"雷达"捕捉到了信息，确定了方位，就悄悄接近它们，后足用力一蹬，两把"镰刀"一夹，它们便被螳螂死死地夹住，成为瓮中之鳖，乖乖地束手就擒。螳螂就可美美地咀嚼那捕到的食物。

中午，天气炎热起来。螳螂藏到树叶下纳凉，懒洋洋地睡上一觉，而两根触角却垂直向上。当发现只有一只猎物时，就一根触角伸向前去，而另一根触角则依然不动，时刻警觉着。当遇到两只以上的飞虫时，两根触角不停地交错搜索着。如果发现敌情，就用后两对足着落在植物上，而前一对足紧缩着，探着头，两根触角平行伸长，准备逃遁。它是那些"飞贼"——苍蝇、蚊子之类的"克星"。只要这些"飞贼"从低空飞过，都逃不过螳螂那双慧眼。此刻，螳螂便会憋足了劲儿，后足一蹬，不停地扇动绿色翅膀，猛地举起大刀向它们夹去……

傍晚，夕阳西下。螳螂劳累了一天，十分疲惫，便又钻进树丛中歇息去了。

到了初秋，便是螳螂的"情侣节"。雄螳螂喜欢爬在矮树丛中期待着自己"心上人"的到来。雌螳螂与雄螳螂相会十分羞涩，不时地用触角刺探对方，雄螳螂也回敬地挥舞着触角，吻着自己的情侣。于是，它们就成了幸福的一对儿。雌螳螂孕育子女时，营养供给不上。雄螳螂为了自己的子女降生，做出了自我牺牲。雌螳螂则不忍心地把雄螳螂吞噬掉。

刚排出的螳螂卵，为一种黄色黏液，以后逐渐凝成硬块儿，变成黄褐色。螳螂的卵块儿为螵蛸，可以入药。

在自然界中，还有一种十分有趣的螳螂，名叫黠螳螂。顾名思义，这种螳螂十分狡黠，善于乔装打扮。它把自己的一对足伪装成一簇盛开的紫白色花朵，骗取一些昆虫上当。

螳螂这种益虫是苍蝇、蚊子、飞蛾等害虫的天敌，具有很高的利用开发价值。它的卵块儿可以越冬，第二年春天置放在害虫较多的地方，用来防治害虫，有利于农业生产。螳螂的寿命是短暂的，只有三四个月，却鞠躬尽瘁，死而后已。螳螂是人类的朋友，我们应该大力保护它。

【简 评】

本文对螳螂的自然形貌、生活习性,作了具体生动的介绍。文中运用了拟人、比喻等手法。描写精细生动。全文写作顺序安排合理,内容丰富,具有积极意义。

马 蜂 / · · · 孙越川

捅马蜂窝,似乎人人都知道自己会付出惨痛的代价,但却鲜有人知道,马蜂蜇了人,它自己也会因此送命。

那一次,邻家小孩不知天高地厚,拿了一根棍,捅了马蜂窝。当蜂包掉在地上时,一群马蜂腾空而起,扑向小孩。小孩拼命逃跑,但为时已晚,一只很大的马蜂冲在最前面,狠狠地蜇了一下小孩——这一蜇让我相信,小孩再没胆量去捅马蜂窝了。而后,小孩逃走了,那群马蜂也飞走了,只有那只最大的马蜂躺在地上,再没动弹。

就在这时,我的心好像被什么刺了一下。不是为邻家小孩,绝对不是——因为是他先去破坏马蜂的家,是他挑起的这一场“战争”。那么,是为了那只马蜂吗?我想是的。此时此刻,我心里油然而生一种敬佩之情,当马蜂去蜇人的时候,它深深地知道等待它的是死亡,但它没有丝毫退缩,仍然昂首向前,去抵抗破坏自己家园的敌人。它那么昂扬,那么有斗志,就算牺牲自己也在所不惜,它的勇敢让敌人无力再抗。谁说马蜂的刺“狠毒”,这样一个贬义词怎么可以用在一个英雄身上呢?那根毒刺只是它捍卫家园的武器啊!为了不做“亡家奴”,为了家人、族人,为了家园的兴盛,它舍生忘死,甘愿用生命去换取一个“天堂”——属于它们自己的天堂。

马蜂是这样,抗日英雄们不也是这样吗?为了祖国的明天,不顾个人安危,誓要同敌人斗争到底。这个世界上存在许多生命,但有的生命以侵占其他生命的家园为乐,而有的生命却为了保护自己的家园不惜牺牲。多么可笑的“天”与“地”!这是上帝的错误吗?不,不是的!这正是上帝的明智。因为在这个世界上,任何事都是对立的,有正义,就必然有邪恶,正是对立促进了世界的发展。这个多变的世界不可能静止不变,而我们唯一能做到的是像马蜂一样,保持一颗善良勇敢的心到永远。仅仅如此,而已!

【简 评】

这是一篇角度比较新颖的状物文章,它不仅写了马蜂的生活习性,而且很充分地写出了它的英雄行为和自我牺牲精神,为马蜂家族树立了宁死不屈的尊严,进而让人联想到人类社会的正义与邪恶之争,使人读后很受教育和启发。可见小文章也同样可以讲出大道理,这样的文章很值得一读。

猫的胡须 / · · · 许鸿英

我家过去养着一只小花猫。那小花猫长得胖乎乎的,非常可爱,圆圆的眼睛,雪白的细毛上嵌着几束黑毛,看上去柔软发亮,尤其是那双眼睛里,流露出一种驯顺的神色。我对它喜欢得不得了,有什么好吃的都是留给它。

每天吃饭的时候,小花猫总是蹲在我的脚边,朝我"咪咪"地叫着。我拿几块骨头扔给它,它就蹲在那里,一声不吭地吃了起来。小花猫有一个优点,就是它看见别人在吃东西时,只"咪咪"地叫,如果人家不给它吃,它就悄悄地跑开,不像有的猫常常偷吃别人家里的东西。这当然也是我教育它的结果。

小花猫还常常替我做事。我做作业时,橡皮掉到了桌下,它就用两只前腿夹着,送到我手里。有时,我为了什么事哭了,小花猫就蹲在我脚边,"咪咪"地叫着,仿佛在劝我不要难过,有时它还会用脚爪来抓抓我的手,直到我破涕为笑。

小花猫的样子长得很可爱,可就是它嘴角边的胡须,我看着不太顺眼。一天晚上,我把它抱在怀里,轻轻地对它说:"小花猫呀,小花猫,你年岁不大,为什么就有了胡须?我们人要到年纪大了才会有的。你这几根胡须多难看呀!"我一边说一边用手轻轻地抚摸着它那柔软光洁的细毛,拨弄着它的胡须。我一定要去掉小花猫的胡子,我拿起了一把剪刀,把小花猫的胡子剪了。我拍着小花猫的头,对它说“你没有胡子多好看呀!”小花猫看了看被剪下的胡须,“咪咪”地叫了两声,挣脱了我的手跑了。

我拿出作业本做起作业来……忽然,小花猫的几声怪叫从厨房里传来。我赶紧放下作业,心里想,小花猫从来没有这么怪叫过,怕是发生了什么事。我赶紧跑到厨房,只见小花猫被夹在桌脚和墙壁之间的缝里。我马上跑过去把小花猫抱了出来。爷爷知道了我剪猫的胡须的事,便对我说:“猫的胡须的长度和它身体的宽度是一样的,它钻洞时总是用胡须的触觉来测量洞口的宽度。你把它的胡须剪了,它也就失掉测量的尺子,所以就被夹在这缝里了。”听了爷爷的一番话,我恍然大悟,很懊悔剪了它的胡须。我担心地问爷爷:“它的胡须还会长出来吗?”爷爷回答说:“过几天就会长出来的。”这时,我觉得自己很对不起小花猫,一把就把它抱在怀里,抚摸着它的嘴角。它“咪咪”地叫着,好像在安慰我不要难过。

过了几天,小花猫的胡须长了出来,还是和以前一样,长长的,亮亮的。我看着它的胡须,觉得并不那么难看了,它的胡须又有用,又美丽。小花猫仿佛看透了我的心思,它朝我翘翘胡子,仿佛在对我微笑……

文章以“我”和小花猫之间的感情为线索,选择了“小花猫形象可爱”“小花猫不偷吃东西”“小花猫替我做事”“我给小花猫剪胡须”几则故事加以描述,感情真挚、语言朴实,充满了童趣。

文章在写法上最突出的特色,是材料的先后顺序的安排和详略处理很有技巧。先写小花猫的可爱和“我”对它的喜爱之情,为写“剪胡须”作好铺垫。而几个情节之中以“剪胡须”为重点详细描述,则回扣文题,突出了文章中心。

春耕时节话耕牛 /··· 李英霞

在尚未完全实现农业机械化的我国农村,特别是边远穷困的山区,耕牛依然是农业生产的重要力量、农民脱贫致富的好帮手。

耕牛用于农业生产,在我国有着悠久的历史。相传从冶铁技术发明的春秋战国时代,就开始采用牛耕了。到汉武帝时推广牛耕法后,我国农业生产的发展便进入了一个新阶段。从此耕牛成了我国农村的主要役畜,历来受到农民们的青睐。在各地的迎春活动中,耕牛也常常是要扮演主角的。据《东京梦华录》等书记载:开封府、临安府有种习俗就是进春牛于禁庭,并以鼓乐迎接。郡守则率部下,用绿杖鞭之,以示劝农。古时候旧历书中的《芒神春牛图》,就是由此演变而来的。

我国农村常见的耕牛,主要有黄牛、水牛两种。黄牛角短,颈下有肉垂,毛色多为黄、黑、白色,也有黑白相间的,体重多在五六百斤。水牛角长而曲,颈下无肉垂,毛色多为青苍色,也有少数是赤白色,其体重可达千斤以上。它们分别是由现已绝种的原牛和野生水牛驯化而成的。

经过人们长期驯育,精心饲养,在我国一些地区已经形成了不少优良的耕牛品种。像吉林的延边牛、陕西的秦川牛、河南的南阳牛、山东的鲁西牛,都是黄牛中身高力大、耐役使的优良品种。而四川的德昌牛、涪陵牛和广西的西林牛,则是水牛中抗病力强、挽力大的出类拔萃者。

此外,还有一种身高体大、身披长毛的牦牛。这是生活在青、藏、川、疆等地区的良种牛(我国现有牦牛约一千万头,占世界总数的85%)。牦牛不仅不畏风刀雪剑、飞沙走石的恶劣天气,而且能够适应海拔四五千米的空气稀薄的高原自然条件,是边疆牧民运输货物的得力助手,被誉为“高原之舟”。由牦牛和黄牛杂交所生的犏牛, 则多用于耕种田地。犏牛兼具牦牛耐劳和黄牛易驯的优点,役使价值更高。

无论黄牛、水牛,还是牦牛、犏牛,一年到头,从春播到秋收,从夏种到冬耕,它们都是披星戴月、殚竭其力地耕耘在广袤的神州大地上,烈日下,风雨中,它们拉起沉重的犁铧,低着头一步又一步,拖出了身后一列又一列松土,好让人们播种。等到满地金黄或农闲时节,它们却还得担当搬运重物的工作,或终日绕着石磨,朝同一方向,走无计程的路。

耕牛虽然长年累月地辛勤劳作,但是向人类索取的报酬却很少。主人喂些高粱、豆饼,它们当然非常高兴;主人只喂几把干草,它们也同样满足。这种不图索取、甘做贡献的精神,使我情不自禁地想起宋朝抗金民族英雄李纲写的《病牛》诗:"耕犁百亩实千箱,力尽筋疲谁复伤?但愿众生皆得饱,不辞羸病卧斜阳。"让我们发扬老黄牛精神,"做无产阶级和人民大众的'牛',鞠躬尽瘁,死而后已"!

【简评】jian ping

本文先写了耕牛用于农业生产的历史,又介绍了耕牛的种类、品种,从北到南,由东到西,纵横万里,叙述有条不紊,最后,以抒情和议论的笔调热情地歌颂了耕牛的无私奉献,"鞠躬尽瘁,死而后已"的精神,使文章的主题得以升华。

全文史料翔实可信,写出了牛的特色。

生命·生命

生物卷

天下所有慈母的跪拜

包括动物在内，都是神圣的

守望藏羚羊的最后几天，月亮又圆了，站在眺望塔上我默默看着它缓缓从遥远的地平线上升起，很大、很亮、很温柔，这是高原特有的明月。上升的月亮慢慢映在静谧草原中的一湾湖水上，看上去好似一只眼睛，一只忧伤的眼睛。我看它的同时它也看着我，似乎对我说："你知道的，藏羚羊为何那么忧伤。"是的，我是知道的，我愿更多的人都知道。

藏羚羊跪拜 /· · · 王宗仁

这是在西藏听来的一个故事,发生故事的年代距今有好些年了,可是我每次乘车穿过藏北无人区时都会不由自主地想起这个故事的主人公——那只将母爱浓缩于深深一跪的藏羚羊。

那时候,枪杀、乱逮野生动物是不受法律惩罚的。就是在今天,可可西里的枪声仍然带着罪恶的余音,低回在自然保护区巡视卫士们的脚印难以到达的角落。当年举目可见的藏羚羊、野马、野驴、雪鸡、黄羊等,眼下已经成为凤毛麟角了。

当时,经常跑藏北的人总能看见一个肩披长发,留着浓密大胡子,脚蹬长筒藏靴的老猎人在青藏公路活动,那支磨得油光闪亮的杈子枪斜挂在身上,身后的两头藏牦牛驮着沉甸甸的各种猎物。他无名无姓,云游四方,朝别藏北雪,夜宿江河源,饿时大火煮黄羊肉,渴时喝碗冰雪水。猎获的那些皮张自然会卖来一些钱,他除了自己消费一部分外,更多地用来救济路遇的朝圣者。那些磕长头去拉萨朝觐的藏家人心甘情愿地走一条布满艰难和险情的漫漫长路。每次老猎人在救济他们时总是含泪祝愿:上苍保佑,平安无事。

杀生和慈善在老猎人身上共存。促使他放下手中的杈子枪是在发生了这样一件事以后——应该说那天是他很有福气的日子。清早,他从帐篷里出来,伸伸懒腰,正准备要喝一铜碗酥油茶时,突然瞧见几步之遥对面的草坡上站立着一只肥肥壮壮的藏羚羊。他眼睛一亮,送上门来的美事,沉睡了一夜的他浑身立即涌上来一股清爽的劲头，丝毫没有犹豫，就转身回到帐篷拿来了杈子枪。他举枪瞄了起来，奇怪的是，那只肥壮的藏羚羊没有逃走，只是用乞求的眼神望着他，然后冲着他前行两步，两条前腿扑通一声跪了下来，与此同时只见两行长泪从它眼里流了出来。老猎人的心头一软，扣扳机的手不由得松了一下。藏区流传着一句老幼皆知的俗语："天上飞的鸟，地上跑的鼠，都是通人性的。"此时藏羚羊给他下跪自然是求他饶命了。他是个猎手，不被藏羚羊的怜悯打动是情理之中的事。他双眼一闭，扳机在手指下一动，枪声响起，那只藏羚羊便栽倒在地。它倒地后仍是跪卧的姿势，眼里的两行泪迹也清晰地留着。

那天，老猎人没有像往日那样当即将获得的藏羚羊开宰，扒皮。他的眼前老是浮现着给他跪拜的那只藏羚羊。他有些蹊跷，藏羚羊为什么要下跪？这是他几十年狩猎生涯中唯一见到的一次情景。夜里躺在地铺上他久久难以入眠，双手一直颤抖着……

次日，老猎人怀着忐忑不安的心情对那只藏羚羊开膛扒皮，他的手仍在颤抖。腹腔在刀刃下打开了，他吃惊得叫出了声，手中的屠刀"咣当"一声掉在地上……原来在藏羚羊的子宫里，静静卧着一只小羚羊，它已经成形，自然是死了。这时候老猎人才明白为什么藏羚羊的身体肥肥壮壮，也才明白为什么要弯下笨重的身子为自己下跪：它是求猎人留下自己孩子的一条命呀。

天下所有慈母的跪拜，包括动物在内，都是神圣的。

老猎人的开膛破肚半途而停。

当天他没有出猎，在山坡上挖了一个坑，将那只藏羚羊连同它没有出世的孩子掩埋了。

从此，这个老猎人在藏北草原上消失了，没有人知道他的下落。

在那遥远的可可西里，不法偷猎的枪声时时响起，肆意捕杀野生动物的事情已经司空见惯，文章没有从大处着笔，而是选取众多材料中的一个典型，将笔墨集中到勤劳、善良的老猎人身上，再现他几十年狩猎生涯中唯一见到的情形——藏羚羊跪拜，将藏羚羊的神圣伟

大的母爱表现得淋漓尽致，同时让老猎人的思想和灵魂得到一次净化和洗礼!

个性独悟

ge xing du wu

★怎样理解"杀生与慈善在老猎人身上共存"一句？（理解重要词句）

★文中将母爱浓缩于深深一跪的藏羚羊给了我们一个什么样的启示？（表达阅读感受）

★文章运用了巧设悬念的方法，试体会这一手法。（体会表达技巧）

快乐阅读

kuai le yue du

猫咪花花儿 /···杨 绛

我大概不能算是爱猫的，因为我只爱个别的一只两只，而且只因为它不像一般的猫而似乎超出了猫类。

我从前苏州的家里养许多猫，我喜欢一只名叫大白的，它大概是波斯种，个儿比一般猫大，浑身白毛，圆脸，一对蓝眼睛非常妩媚灵秀，性情又很温和。

我常胡想,童话里美女变的猫,或者能变美女的猫,大概就像大白。大白如在户外玩够了想进屋来,就跳上我父亲书桌横侧的窗台,一只爪子软软地扶着玻璃,轻轻叫唤一声,看见父亲抬头看见它了,就跳下地,跑到门外蹲着静静等候。饭桌上尽管摆着它爱吃的鱼肉,它决不擅自取食,只是忙忙地跳上桌又跳下地,仰头等着。跳上桌子是说:“我也要吃。”跳下地是说:“我在这儿等着呢。”

默存和我住在清华的时候养一只猫,皮毛不如大白,智力远在大白之上。那是我亲戚从城里抱来的一只小郎猫,才满月,刚断奶。它妈妈是白色长毛的纯波斯种,这儿子却是黑白杂色:背上三个黑圆,一条黑尾巴,四只黑爪子,脸上有均匀的两个黑半圆,像时髦人戴的大黑眼镜,大得遮去半个脸,不过它连耳朵也是黑的。它是圆脸,灰蓝眼珠,眼神之美不输大白。它忽被人抱出城来,一声声直唤。我不忍,把小猫抱在怀里一整天,所以它和我最亲。

我们的老李妈爱猫。她说:“带气儿的我都爱。”小猫来了我只会抱着,喂小猫的是她,“花花儿”也是她起的名字。那天傍晚她对我说:“我已经给它把了一泡尿,我再把它一泡溺,教会了它,以后就不脏屋子了。”我不知道李妈是怎么“把”、怎么“教”的,花花儿从来没有弄脏过屋子,一次也没有。

我们让花花儿睡在客堂沙发上一个白布垫子上,那个垫子就算是它的领域。一次我把垫子双折着忘了打开,花花儿就把自己的身体约束成一长条,趴在上面,一点也不越出垫子的范围。一次它聚精会神地蹲在一叠箱子旁边,忽然伸出爪子一捞,就逮了一只耗子。那时候它还很小呢。李妈得意地说:“这猫儿就是灵。”它很早就懂得不准上饭桌,只伏在我的座后等候。李妈常说:“这猫儿可仁义。”

花花儿早上见了李妈就要她抱。它把一只前脚勾着李妈的脖子,像小孩儿那样直着身子坐在李妈臂上。李妈笑说:“瞧它!这猫儿敢情是小孩子变的,我就没见过这种样儿。”它早上第一次见我,总把冷鼻子在我脸上碰碰。清华的温德先生最爱猫,家里总养着好几只。他曾对我说:“猫儿有时候会闻闻你,可它不是吻你,只是要闻闻你吃了什么东西。”我拿定花花儿不是要闻我吃了什么东西,因为我什么都没吃呢。即使我刚吃了鱼,它也并不再闻我。花花儿只是对我行个“早安”礼。我们有一罐结成团的陈奶粉,那是花花儿的零食。一次默存要花花也闻闻他,就拿些奶粉做贿赂。花花儿很懂事,也很无耻。我们夫妇分站在书桌的两头,猫儿站在书桌当中。它对我们俩这边看看,那边看看,要往我这边走,一转念,决然走到拿奶粉罐的默存那边去,闻了一下他的脸。我们都大笑说:“花花儿真无耻,有奶便是娘。”可是这充分说明,温德先生的话并不对。

一次我们早起不见花花儿。李妈指指茶几底下说:“给我拍了一下,躲在那儿委屈呢。我忙着要扫地,它直绕着我要我抱,绕得我眼睛都花了。我拍了它一下,瞧它!赌气了!”花花儿缩在茶几底下,一只前爪遮着脑门子,满脸气苦,我们叫它也不出来。还是李妈把它抱了出来,抚慰了一下,它又照常抱着李妈的脖子,挨在她怀里。我们还没看见过猫儿会委屈,那副气苦的神情不是我们唯心想象的。它第一次上了树不会下来,默存设法救了它下来,它把爪子软软地在默存臂上搭两下,表示感激,这也不是我们主观唯心的想象。

与你共品

yu ni gong pin

本文选自《杨绛散文集》。作者杨绛,现代著名女作家、翻译家、中国社会科学院外文所一级研究员。主要著作有长篇小说《洗澡》、译作《堂吉诃德》等。

这篇文章描绘一只聪明伶俐、乖巧懂事、颇有人情味的小猫,淋漓尽致地表现了猫的灵性与懂事。

作者对小猫的观察极其细致,用词生动、准确,恰到好处地抒发了自己的真情实感,阅读时应很好地体会。

个性独悟

ge xing du wu

★作者爱猫和老李妈爱猫有什么不同之处?

★“花花儿”很惹人喜爱,具体表现在哪些方面?

★结尾段,作者写花花儿哪些方面的表现不是我们的唯心想象的?

★你最喜欢的动物是什么?简要说明理由。

面临灾难的蚂蚁 / · · · 光 宇

1985年,法国科学家曾发现蚂蚁能救火。后来,英国一位动物学家的实验证实了法国科学家的发现。

英国科学家把一盘点燃的蚊香放进了一个蚁巢。开始,巢中的蚂蚁惊恐万状,约20秒钟后,许多蚂蚁见险而上,纷纷向火冲去,并喷射出蚁酸。可一只蚂蚁能喷射的蚁酸量毕竟有限,因此,一些"勇士"葬身火海。但它们前仆后继,不到一分钟,终于将火扑灭。存活者立即将"战友"的尸体,移送到附近的一块"墓地",盖上一层薄土,以示安葬。

一个月后,这位动物学家又把一支点燃的蜡烛放到原来的那个蚁巢进行观察。尽管这次"火灾"更大,但这群蚂蚁却已有了经验,调兵遣将迅速,协同作战有条不紊。不到一分钟,烛火即被扑灭,而蚂蚁无一遇难。科学家认为蚂蚁创造了灭火的奇迹。

蚂蚁面临灭顶之灾时的非凡表现,尤其令人震惊。

在野火烧起的时候,为了逃生,众多蚂蚁迅速聚拢,抱成一团,然后像雪球一样飞速滚动,逃离火海。那噼里啪啦的烧焦声,是最外层的蚂蚁用自己的躯体开拓求生之路时的呐喊,是奋不顾身、无怨无悔的呐喊。

在那年洪水暴虐的时候,聚在堤坝上的人们凝望着凶猛的波涛。突然,有人惊呼:"看,那是什么?"一个像人头的黑点顺着波浪漂了过来;大家正准备再靠近些营救时。"那是蚁球。"一位老者说,"蚂蚁这东西,很有灵性。1969年发大水,我也见过一个蚁球,有篮球那么大。洪水到来时,蚂蚁迅速抱成团,随波漂流。蚁球外层的蚂蚁,有些会被波浪打落水中。但只要蚁球能靠岸,或能碰到一个大的漂流物,蚂蚁就得救了。”不长时间,蚁球靠岸了,蚁群像靠岸登陆艇上的战士,一层一层地打开,迅速而井然地一排排冲上堤岸。岸边的水中留下了一团不小的蚁球。那是蚁球里层的英勇牺牲者。它们再也爬不上岸了,但它们的尸体仍紧紧地抱在一起。那么平静,那么悲壮……

中国有句老话:“驼负千斤,蚁负一粒。”讲的是从自身重量来看负重的力量,蚂蚁的力量远远超过骆驼的力量。美国科学家富兰克林说:“没有任何动物比蚂蚁更勤奋,然而它却最沉默寡言。”在了解到蚂蚁面临灾难时的无私和智勇之后,这些原本是对蚂蚁深刻、精彩的赞美,就显得有些黯然失色了。小小的蚂蚁,能给人多少启示?

与你共品

yu ni gong pin

当我们看到蚂蚁艰难地拖动大过身体许多倍的东西时,我们不免会看它的笑话,有时还会伸出无情的手阻挡一下,尽管如此,它们依然那样努力着。

在本文的几件事中,蚂蚁表现了团结协作、无私的、勇于牺牲的精神。当面临生死抉择时,“众多蚂蚁迅速聚拢,抱成一团,然后像雪球一样飞速滚动,逃离火海。”“那噼里啪啦的烧焦声,是最外层的蚂蚁用自己的躯体开拓求生之路时的呐喊,是奋不顾身、无怨无悔的呐喊。”面对如此悲壮的场面,我们能不对小小的蚂蚁肃然起敬吗?

个性独悟

ge xing du wu

★在科学家的两次实验中,蚁群的反应和结果有什么不同?为什么会出现这样不同的结果?

★“那劈里啪啦的烧焦声,是最外层的蚂蚁用自己的躯体开拓求生之路时的呐喊，是奋不顾身、无怨无悔的呐喊。”一句使用了哪种修辞方法？试分析这句话的含义。“这些原本是对蚂蚁深刻、精彩的赞美，就显得有些黯然失色了。”其中“这些”指什么？为什么“黯然失色了”？

★文章中表现出的蚂蚁所具有的精神，在现实生活中具有怎样的意义？

★当灾难来临时，我们应该如何去做？从蚂蚁面临灾难时的表现来谈怎样去应对紧急情况？参考有关资料，了解应对常见灾害(如地震、火灾、水灾、泥石流等)的一些方法。

蝼蚁壮歌 /···金马

兴许是染上了人类容易“自视过高”的通病，我自幼对蝼蚁之类的小生灵，曾长期瞧它们不起。

记得在1965年的一次座谈会上，当话题转到生物界时，吴晗同志说：“我看蚂蚁的小小王国，就很有趣，能不能写成一本书呢？”我当时听了，心里觉得好笑：“区区蝼蚁，何足挂齿！”

后来，倒是一位英国老殖民主义者的言论刺激了我对蚁国的兴趣，因为他竟把发展中国家统统污蔑为“蝼蚁之国”，于是，我不免产生了一个兴味很足的念头：我倒要看看这个小小的昆虫世界是不是真的像殖民者贬斥的那般没有出息，探索一下它们到底是在怎样铺排着自己的生活。

此后不久，我陪朋友到香山畅游，漫步来到双清，只见对面石壁上蠕动着一条长长的黑线，好奇心驱使我向前仔细查看，发现原来是一队蚂蚁正背负着种种食物搬家呢。我的朋友正好有丰富的生物学知识，看到我认真的神情，凑趣说道："这是蚂蚁发现巢穴面临威胁，正在紧张备战呢！"我不禁伫立良久，看着这"骤然临之而不惊"的小生灵，竟比临战的人类显得还要镇静，不由得生了怜爱之情。

后来，我不知不觉真的关心起这小小的生灵来了。法布尔所揭示的蚂蚁王国的内幕，书刊杂志上有关蚂蚁世界的趣闻、故事，我都读得饶有兴味。连我自己也不解的是：不论碰上从哪方归国的朋友，我都忘不了在谈话之间询问一句："那儿有关于蚂蚁的趣闻吗?"这个怪问题，常常使得对方不解其中滋味。记得有一次，当我问到一位畅游南美洲后归国的作家，不料他却大为动容，说道："哦，你也知道这蚁国的壮歌吗?我真乃三生有幸，这次亲眼看见了一幕永难忘怀的情景。"

接着这位朋友追溯了在南美洲一个森林边缘发生的故事：那一天，由于游客的不慎，使临河的一片草丛起火了，顺着风势游走着的火舌活像一只红色的项链，开始围向一个小小的丘陵。这时，一位明眼的巴西向导忽然向我们叫道："一群蚂蚁被火包围了！"我们随着他指点的方向看去，可不是，被火舌缩小着的包围圈里已经变成黑压压的一片。"这群可怜的蚂蚁肯定要葬身火海了。"我心里惋惜地想着。火神肆虐的热浪里已夹杂着蚂蚁被焚烧而出的焦臭气味。可万万没想到，这区区的弱者并没有束手待毙，竟开始迅速地扭成一团，突然向河岸的方向突围滚去。蚁团在火舌舐动的草丛间越来越迅速地滚动着，并不断发出外层蚂蚁被烧焦后身体爆裂的声响，但是蚁团却不见缩小，显然，这外层被灼焦的蚁国英雄们至死也不松动丝毫，肝胆俱裂也不放弃自己的岗位。一会儿，蚁团冲进了河流，随着向对岸的滚动，河面上升腾起一小层薄薄的烟雾……

我听着这则蚁国发生的真实故事，像听着一曲最悲壮的生命之歌。小小的蚂蚁，其重不足毫克，真正是比毫毛还要轻上十倍、百倍。然而，在人类往往也要遭到重大伤亡的火灾面前，竟然能如此沉着、坚定、团结一致，不惜个体牺牲，以求得种族的生存，其斗争的韧性，其脱险方式的"机警"，又是如此地感人。怎能不发人沉思，油然生出敬慕的情感来?

逐渐地，我自感到原先那种认为"蝼蚁之命，何足挂齿"的想法，实在是太无知、太浅薄了。

蚂蚁——这小生灵就是这样闯进了我心目中的崇敬者群。我开始进一步追寻着它们的生命轨迹，开始探索它们在生存斗争中那些足以使生命发光的东西。

原来,我以为蚂蚁虽然是昆虫世界的大力士,它们十分善于采撷大自然的精英,强化自己的肌体,但是,它们也只能战胜昆虫世界中的相对弱者,而在强大的生物,如哺乳动物面前,却总是被践踏、被捕食的对象。然而,来自墨西哥热带森林的蚁国新闻,却打破了我这固有的评价。

那里有一种蚂蚁叫作劫蚁,又名“游行蚁”或“食肉游蚁”。它们往往形成十万到十五万之众的大家族。它们昼憩夜袭。奇妙的是:当它们昼憩时,可以相互勾结成一个中空的大圆球,把尊贵的女王,可爱的幼蚁和众多的猎获物围在里面加以保护;当它们夜袭时,则全体出动,铺排开宽达五米的横队,由体大剽悍的大腭兵蚁卫护,浩浩荡荡地威武行进。一路之上,只要是避之不及的大小动物,均属劫蚁大军围攻、消灭之列。不论是兔、鼠、鸡、犬,抑或是熟睡的牛、羊、蟒蛇,都难免于难。据说,著名西德旅行家爱华斯,在墨西哥一家乡村旅店里,就曾经遭受过劫蚁大军的夜袭,虽未丧生,却吓得几乎灵魂出窍。

牛、羊对劫蚁来说不可谓不威武,巨蟒于劫蚁来说不可谓不庞然大物!但若丧失警觉竟可沦为劫蚁盘中之餐;劫蚁的个体,不可谓不形微区区,不可谓不渺小孱弱兮,然而万众一心,不畏庞然大物,不自菲弱小,却能叱咤森林,云游四方,所向无敌。

真个是区区蝼蚁,可讴壮歌矣!

因此，使我联想到：既然我们中华民族已经繁衍成一个近十亿之众的国家,那么,除了切实采取一系列助于强化我们民族机体的措施之外,要紧的是想办法发挥人口众多的集体优势,而大可不必总是埋怨我们的嘴儿太多,彼此抢了饭吃。我常想:我们的人民如能像劫蚁蚁群那样万众一心,整齐一致地铺排开队伍,向着大自然所蕴藏的无限财富,犹如劫蚁之对蟒蛇,展开轮番的锲而不舍的进攻,我们的整个国家、民族是会磨砺得发出异彩来的。

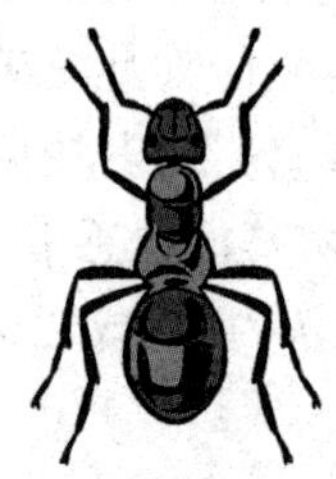

与你共品

yu ni gong pin

这是歌颂蝼蚁的文章。作者以“蝼蚁壮歌”为题，重在突出一个“壮”字。描写“壮”的景观，阐明“壮”的道理，推想“壮”的同类。文章所包含的哲理不是直接叙述出来，而是以哲理为灵魂，以蚁国形象生动的故事为羽翼，以火热的感情作为展翅飞翔的动力。所以，文章有一种打动人的力量。

个性独悟

ge xing du wu

★文章开端，“我”对蝼蚁的认识与文章题目一致吗？

★全文是在对蝼蚁的认识过程上展开的。“我”的认识大体可分为几个阶段？

★作者是怀着激情和童心认识社会和自然的。首先要体会作者是如何抒发情感的，然后请你朗读，去体会文章“壮”的激情。

★朗读后，你发现本篇在语言上有哪些特点？

快乐阅读

kuai le yue du

泪的重量/···林　希

轻的泪，是人的泪，而动物的泪，却是有重量的泪。那是一种发自生命深处的泪，是一种比金属还要重的泪。也许人的泪中还含有虚伪，也许人的泪里还有个人恩怨，而动物的泪里却只有真诚，也只有动物的泪，才更是震撼人们魂魄的泪。

第一次看到动物的泪，我几乎是被那一滴泪珠惊呆了。本来，我以为泪水只为人类所专有。但是，直到真的看到动物的泪，我才相信动物也和人一样，它们也有悲伤，更有痛苦。只是它们因为没有语言，或者是人类还不能破译它们的语言，所以，当人们看到动物的泪水时，才会为之感到惊愕。直到此时，人们才会相信，动物原来更有一种为人类所不理解的无声的哀怨。

我第一次看到动物的泪，那是我家一只老猫的泪。这只老猫已经在我家许多许多年了，也不知它生下了多少子女，也不知它已是多大的年纪。只是知道它已经成了我们家庭的一个成员，我们全家人每天生活的一项重要内容，就是和它一起戏耍。在它还是一只小猫的时候，我们引得它在地上滚来滚去，后来，它渐渐长大了，我们又把它抱在怀里好长好长时间地抚摸它那软软的绒毛。也许是我们和它亲热得太多了，它已经一天也离不开我们的抚爱，无论是谁，只要这一天没有摸它一下，就是到了晚上，它也要找到那个人，然后就无声地卧在他的身边，等着他的亲昵，直到那个人终于抚摸了它，哪怕只是一下，这时它也会心满意足地慢慢走开，就好像是它为此感到充实，也为此感到幸福。

只是，多少年过去，这只老猫已经是太老了，一副老态龙钟的样子，行动已经变得缓慢；尽管到这时我们全家人还是对它极为友善，但，也不知是一种什么感应，这只老猫渐渐地就和我们疏远了。它每天只是在屋檐下卧着，无论我们如何在下面逗引它，它也不肯下来，有时它也懒懒向我们看上一眼，但随后就毫无表情地又闭上了眼睛。

母亲说，这只老猫的寿限就要到了，许是人类的无情，我们一家人最担心的，却是怕它死在一个不为人知的角落。我们怕它会给我们带来麻烦。就这样每天每天地观察，我们只是看到这只老猫确实是一天一天地更加无精打采了，但它还是就在屋檐下、窗沿上静静地卧着，似在睡，又似在等着那即将到来的最后日子。也是无意间的发现，那是我到院里去做什么事情的时候，我只是看见这只老猫在窗沿上卧得太久了，就过去想看看它是睡着，还是和平时一样地在晒太阳。但在我靠近它走过去的时候，我却突然发现，就在这只老猫的眼角处，凝着一滴泪珠。看来这滴泪已经在它的眼角驻留得太久了，那一滴泪已经被阳光晒成活像是一颗琥珀，一动不动，就凝在眼角边，还在阳光下闪出点点光斑。

“猫哭了。”不由已地，我向房里的母亲喊了一声，立即，母亲就走了出来，她似是要给这只老猫一点最后的安慰。谁料这只老猫一看到母亲向它走了过来，立即强挣扎着站了起来，用出最后的一点力气，一步一步地向屋顶爬了上去。这时，母亲还尽力想把它引下来，也许是想给它一点儿最后的食物，但这只老猫头也不回地，就一步一步地向远处走去了，走得那样缓慢，又走得那样的沉重。

直到这时，我才发现，是我们对它太冷酷了，它在我们家活了一生，我们还是怕它就在我们家里终结生命，我们总是盼着它自己在生命的最后时刻，能够自己走开，无论是走到哪里，也比留在我们家为强。最先我们还以为是它不肯走，怕它要向我们索要最后的温暖，但是我们把它估计错了，它只是在等着我们最后的送别；而在它发现我们已经感知到它要离开我们的时候，它只是流下了一滴泪，然后就悄无声息地走了，走到不知什么地方去了。

很久很久，我总是不能忘记那滴眼泪，那是一种最真诚的眼泪，是一种留恋生命，又感知到大难到来的泪水。动物不像人类，人类总是对自己存一种侥幸，他们总是希望那种对于每一个人都是不可避免的最终结局，会在自己身上出现奇迹，也是我们人类过于贪恋生命，所以我们总是给爱我们的人留下痛苦。倒是动物对此有它们自己的情感，它们只给人们留下自己的情爱，然后就含着一滴永远的泪珠向人们告别，而又把最后的痛苦由自己远远地带走。

动物的泪是圣洁的，它们不向人类索求回报。

我第二次看到动物的泪，那是一头老牛的泪。我们家在农村有一户远亲，每年寒假、暑假，母亲都要把我送到这家远亲那里去住。那里有许多的小兄弟，更有一种温暖的乡情，那里有我在城市里得不到的真诚的欢乐。

而最令人为之高兴的是我们的这家远亲家里有一头老牛，这头老牛已经在他们家里活了许多年，而且据我的小弟兄们说，这头老牛还有灵性，它能听懂我们的语言。当然，这只是因为我们对这头老牛过于喜爱的缘故，牛如何能听懂人的语言呢?但是，这头老牛也许真是有点灵性，每当我们模仿牛的叫声唤它的时候，这时，只要它不是在劳作，它就一定会自己走到我们的身边，然后我们就一齐骑到它的背上，也不用任何指挥，它就把我们带到田间去了。这时，我们就自己在地里玩耍，它在一旁吃草，谁也不关心谁的事。

小弟兄之间，那是有时会好得形影不离，又有时会反目争吵；最严重的时候，几个人还可能纠在一起打得不可开交。但说来也怪，在我们戏耍的时候，那头老牛是睬也不睬我们的，而到了我们之间真的动了拳脚，那头老牛就似一个老朋友那样地走过来，在我们之间蹭来蹭去，就是不让我们任何一方的拳头落在对方的身上，也就是短短的几分钟时间吧，忽然看见一只什么小生命跑了过来，刚刚扭在一起的小弟兄，又你从这边，我从那边追了过去。追到了，大家全都高兴，刚才的那一点仇恨，早就忘到九霄云外去了，而这时再看那头老牛，它又在一旁吃它的草去了。

当然，也是在这头老牛太老了之后，它终于预感到有一件事就要发生了，这时它也和所有的动物一样，开始和它的主人疏远了。每天，我们总是看到它的眼角挂着那种无声的泪。而且，这头老牛最大的变化，就是它不再理睬我们这些小弟兄们了。有好几次，我还像过去那样学牛的叫声，想把它唤过来，它明明是听到了我们唤它的声音，但它只是远远地抬起头来向我们看看，然后又低下头做它自己的事了。

传统的民间习惯，总是把失去劳力的老牛卖到“汤锅”里去，而所谓的“汤锅”就是屠宰场，也就是把失去劳力的老牛杀掉卖肉。这实在也是太残忍了，但中国农民还不知应该如何安排动物的最后终结。农家是无可责怪的，家家都是这样做的，你又让一个农民如何改变这种做法呢？只是，这头老牛已经是对此有所准备了，它似是早就有了一种预感，每当它回到家里之后，它就似是用心地听着什么，而门外一有了什么动静，它就紧张地抬头张望，再不似它年轻的时候那样，无论外面发生了什么事，它都理也不理地，只管做着自己的事。然而，终于这一天到来了，那正是我在这家远亲家里住的时候，只听说是“汤锅”的人来了，我们还没有见到人影，这时我就看见那头老牛哗哗地流下泪水。老牛的眼泪，不像老猫的泪那样只有一滴，老牛的眼泪就像是泉涌一样，没有多少时间，老牛就哭湿了脸颊，这时，它脸上的绒毛已经全都湿成了一缕一缕的毛辫，而且泪水还从脸上流下来，不多时就哭湿了身下的土地。老牛知道它的寿限到了，无怨无恨，它只是叫了一声，也许是最后再向自己的主人告别吧，然后，它就被“汤锅”的人拉走了。也是只留下了最后的泪水，还在它原来站立的地方，留下了一片泪湿的土地。

如果说猫的泪和牛的泪，都是告别生命的泪；那么还有一种泪则就是忍受生命的泪了。这种泪是骆驼的泪，也是我所见到的一种最沉重的泪。

那是在大西北生活的日子，一次我们要到远方去进行一种作业，全农场许多人一起出发要穿过大戈壁，没有汽车，没有道路，把我们送到那里去的只有几十匹骆驼。于是，就在一个阴晦的日子，我们上路，一队队长长的骆驼，几十个被社会遗弃的人，无声无息地就走进了荒漠。没有一株树木，也没有一簇野草，整整走了一天，也没有见到一个人影，就这样默默地走着，我们吃在驼背上，喝在驼背上，摇摇晃晃，我们还就睡在驼背上。

走啊，走啊，从早晨走到中午，又从中午走到黄昏，坐在驼背上的人们已经是疲惫不堪了，而只有骆驼还在一步一步地走着，没有一点儿躁动，没有一点儿厌倦，就是那样走着，默默地忍受着命运为它们安排的一切。

脚下是无垠的黄沙，远处是一柱柱擎天直立的荒烟，"大漠孤烟直"，我第一次亲身感受到古人喟叹过的洪荒。我们的人生是如此的不幸，世界又是如此地艰难，坐在骆驼背上，我们的心情比骆驼的脚印还要沉重。也许是走得太累了，我们当中竟有人小声地唱了起来。是唱一支曲调极其简单的歌，没有激情，也没有悲伤，就是为了在这过于寂寞的戈壁上发出一点儿声音。果然，这歌声带给了人们一点儿兴奋，立时，大家就有了一点儿精神；那一直在驼背上睡着的人们睁开了眼睛。但是，谁也不会相信，就是在我们一起开始向四周巡视的时候，我们却一起发现，驮着我们前行的骆驼，也正被我们的歌声唤醒，它们没有四处张望，也没有嘶鸣，它们还是走着走着，却又是同时流下了泪水。

骆驼哭了，走了一天的路，没有吃一束草，没有喝一滴水，就是还在路上走着，也不知要走到何时，也不知要走到何地，只是听到了骑在它背上的人在唱，它们竟一起哭了，没有委屈，没有怨恨，它们还是在走着走着，然而却是含着泪水，走着，走着……

这是一种发自生命深处的泪，这是一种生命与生命相互珍爱的泪，是一种超出了一切世俗卑下情感的泪，这更是我们这个世界最高尚的泪。直到此时，我才彻悟到泪水何以会在生命与生命之间相互沟通，人的泪和动物的泪，只要是真诚的泪，那就是生命共同的泪。

我看到过动物的泪，那是一种比金属还要沉重的泪，那更是使我们这个世界变得辉煌的泪；那是沉重的泪，更是发自生命深处的泪，那是我终生都不会忘记的泪啊！

珍爱一切生命，把它们与人平等看待，善待它们，这就是作者的写作目的，作者并不是认为只有动物的泪才有重量，而是说只要是真诚的泪，那就是生命共同的泪。

个性独悟

ge xing du wu

★读过文章后，你觉得人的泪水中到底会包含多少层内容呢？

★猫、牛、骆驼的泪分别意味着什么？人的泪与动物的泪在哪一点上是相通的？

★作者写此文章，是为了告诉我们一个什么样的道理？

★人应该怎样正确的看待动物？

快乐阅读

kuai le yue du

小白和少年的我/···江 航

从小，我就是一个不合群的孩子。整日的奇思怪想，让我变得非常忧郁。我的学习很差，当我的同班同学都已经在读高一时，我还在初中部停滞不前。我像一棵缄默的豆芽菜，不会引起任何人的关注，但是我的思绪却如飞鸟，在空气中毫无阻碍地翱翔。

我最常幻想的是，希望自己变成一只——狗，不用面对没完没了的作业，不用背硕大如斗的书包，还有美味的肉骨头吃。于是，在小学三年级的作文课，我将一个寂寞男生想变小狗的理想写进了老师布置的一篇命题作文:《我的理想》。那的确是我用从未有过的认真完成的作业,结果,老师在班上全文朗诵后给予的评语是:同学们,现在,你们清楚什么叫胸无大志了吧?!

16 岁那年暑假,我拥有了平生第一只小狗,那是奶奶在夜市上买来送给我的生日礼物。我叫它小白,事实上,除了毛色纯白之外,它没有任何特别之处。我想象得出奶奶用她皱巴巴的双手,颤巍巍地掏出来积攒的体己钱买小白时的情景。无疑,这是一件弥足珍贵的礼物。

因为是奶奶送给我的生日礼物,所以一向反对我养狗的父母,也只能妥协。不过,包括奶奶在内的所有人,都不会知道我为什么如此渴望一只小狗。就像他们从未想过,他们给予我的衣食无忧的年少时光,在看似幸福的背后,隐藏了多少落寞。从来没有人和我交流过内心深处的声音,我的存在就像透明的空气,所以,我希望拥有一样我真正能主宰的东西。

那晚,我搂着小狗钻进了被窝。北方小城的初夏,空气里依然流动着些许凉意。半夜,小白胖胖的身体滑出了温暖的被窝,我把它又揽回到怀中。它用温润的小舌头,感激地舔舐着我的脸颊。那一刻,我心里蓦然涌上一股从未有过的暖意。

也是在这一年暑假,我第一次离家出走,因为我又留级了。我已经厌倦再读一遍初二的那种感觉。其实,我的出走计划已经酝酿多时。是小白坚定了我出走的想法。我相信有它在身边,出走的旅途将不会很孤单。它绝对信任我的眼神,让我感到无论流落哪里,我至少还能拥有一个真正的朋友,那也就够了。

在火车上,我把小白装进大大的牛仔包,在包上剪了一个洞让小白透气,以此逃避过乘务员一次次的检查。小白很懂我的心思,要吃喝拉撒的时候,它就在包里轻轻碰触我的手臂。它的安静和忍耐,甚至让我都有点儿歉疚起来。就这样,我们一路平安地到了北京。

我在北京洋桥附近的地下小旅馆租了一个小单间,在房里为小白另设了狗窝,从此就开始了在北京的流浪。我背着牛仔包,抱着小白,歪戴着帽子,大摇大摆地行走于北京的街头。离开家,我感到了一种从未有过的自由。

一个星期后,我带的钱已经所剩无几,不得不抱着小白满大街去找工作。我用勤工俭学的说法博得了很多同情和好感,但是,此时小白竟成为我的最大障碍,因为我坚持与小白一起上班,所以不得不一次次失去了机会。

不知为什么,小白的胃口竟比在家时还好。有时,我看着它心无旁骛地啃着火腿肠的样子,不禁一阵无名火起,心想都是为你,我才落到如此地步,可你呢,只要眼前有吃的就万事大吉了,看来当年那位老师“胸无大志”的说法,也没有委屈了你,我怎么就这么糊涂呀!

然而,自怨自叹解决不了问题,已经走到这一步,除了它,我没有谁可以相依为命。幸好,旅馆的老板娘很喜欢小白,生意好了,她会为小白熬一小锅香喷喷的肉骨头汤。这个时候,小白就用圆溜溜的眼睛看着我,似乎在招呼我同吃,我哼一声,不屑地走开。虽然当年曾有过做狗的理想,但真的要我与一只狗同食,我可抹不下这个脸!

可是,有一次我为了省出点儿第二天去应聘的车钱,饿了整整一天,偏偏这时,老板娘把肉骨头汤端到我的小屋,我实在馋得不行,用身子遮住汤盆,迅速偷了一根有很多瘦肉的骨头,丢进嘴里有滋有味地大嚼起来。好香啊,我抹抹嘴抬起头,立即呆住了,小白正站在我面前,眼里流露出从未有过的温柔。那种温柔啊,忽然让我有一种大哭一场的欲望。

那天晚上,不管我怎样劝说,小白都拒绝碰那盆肉骨头汤。

我终于流泪了。在我寂寞的年少时光,似乎从没有人这样关注过我,而小白居然以一只狗的灵性,温暖了我流浪在异乡的心。

第二天,我非常好运地谋到了一份在菜馆里打杂的差事,当然,仍然未获得带小白一起上班的权利。生计是如此困难和重要,我只能妥协了。

每天,我挤着拥堵的公交车去上班,心里惦记着托付给旅馆老板娘照管的小白。客人桌上吃剩下的肉骨,我会偷偷地放进带来的塑料袋中。这要是被领班看见,免不了挨一顿训,可是想到回旅馆后小白欢快地奔向我的样子,我便情愿冒这个险。因为,是小白让我有一种被牵挂着的感觉,而这种感觉,是支持我混在北京的唯一动力。

那时,北京已到了最热的时候,地下旅馆也不凉爽,闷得没有一丝风。有时半夜醒来,看到小白伸着舌头,精神萎靡,我很心疼。我下床打开门,把小白的窝搬到门口,希望它睡在那儿能凉快些。可是我刚把小白放进它的小窝,它就会跳出来,执着地要睡在我的脚边。它还冲着我汪汪叫,表示对我的处置很不满意。我只好抱着小白,靠在门边,半梦半醒睡到天亮。

两天后的一个下半夜,我迷迷糊糊地在睡梦中听到小白的狂叫,感觉它在用爪子使劲抓挠我的肩膀。我醒了,眼前的情景让我顿时手足无措。

四周烟熏火燎、人声鼎沸,很多只穿睡衣睡裤的男女,正在狂奔呼叫,我忽然明白过来,旅馆失火了。

我抱起发抖的小白跟着人群往外跑。

地下旅馆的走廊狭窄而曲折,充斥着浓重的烟雾,地上散落着零乱的衣物和拖鞋,到处都是人。我不知道离出口还有多远,脑子里只有一个念头,一定要带小白逃离这个地方。经过一个回廊,我无意间踩到一只拖鞋,几乎跌倒,我连忙扶住墙壁,就在这个时候,我的手一松,小白从我怀中滑落。还没等我反应过来,火势已经蔓延到身后,几乎可以烧到我的眉毛了。我待要往回冲,逃命的人群像波浪般涌来,我被机械地推着靠近出口,混乱中,似乎听到小白在黑暗中的惨叫,我不禁泪如雨下。我不敢想象,有多少只狂奔着的脚,在残忍地践踏小白的身体!

大火之后,我根本没有勇气在废墟里寻找小白。听老板娘说,小白只剩下一堆小小的骨骸。看她都那么伤心,我就知道小白死得必然是极悲惨。整整46天的出走,终于因为小白的死去,悲伤地结束。

我又回到了小城。父母在最初的责怪后,也就淡忘了我的出走经历。我依然是一个丰衣足食但缺少关怀的寂寞的少年。可是,那个大火的夜晚,却成为我永远无法忘却的良心块垒。在以后很长的时间里,我常常做一个相同的梦,小白无助和温柔的眼神在梦里交错出现。然后,我从梦中哭醒。

一年后,不再做梦,也不再胡思乱想,我变得规矩听话。念完初中,高中,大学,26岁才开始恋爱。

而从那以后,我再没养过任何小动物。

与你共品

yu ni gong pin

文章记叙了一段带有传奇色彩的人生经历,读后给人一种欲哭的冲动,为那只不幸的狗,还有那一位寂寞的少年。文章带着一种抹不去的忧伤,读后给人一种沉甸甸的感觉。

个性独悟

ge xing du wu

★怎样理解第一段的画线句?第四段的画线句,你能理解"我"这种情感吗?为什么?第七段,我为何心怀"歉疚"呢?第八段,"从未有过的自由"是什么意思?

★第十一、第十七段为我们描述了一个令人无比感动的镜头,写出你的感受好吗?

★我的出走,因小白的死去而悲伤结束,一个孩子他们的所作所为所感所动居然都是为了一条小狗,你相信这种情感吗?为何?

★第二十四段作者说"不再做梦,不再胡思乱想,我变得规矩听话",你觉得作者是走向成熟呢,还是性情的一种倒退?请说清理由。

快乐阅读

kuai le yue du

军犬黑子 / · · · 吴若增

那一年,我认识了一位军犬驯导员。我问他:最聪明的狗能达到什么程度?他说:除了不会说话,跟人没有差别。他的回答,令我一怔,随后我说:你准是掺进了许多感情色彩吧?不!他说。

他给我讲述了几个关于狗的故事,都是他亲身经历的。有几个,我已淡忘了,唯其中的一个,至今记得鲜明。曾经在他们的那个营地,有一条名叫“黑子”的狗极其聪明。有一天,他们几个驯导员想出了一个特殊的办法,决定用来测一测黑子的反应能力。他们找来了十几个人,让这些人站成一排,然后让其中的一位去营房“偷”了一件东西藏起来,之后再站到队伍中去。这一切完成了,驯导员牵来了黑子,让它找出丢失的那件东西,黑子很快就用嘴把那东西从隐秘处叼了出来。驯导员很高兴,用手拍了拍黑子的脖颈以示嘉奖,之后,他指了指那些人,让黑子把“小偷”找出来。黑子过去了,嗅嗅这个,嗅嗅那个,没费多少劲就叼往了那个“小偷”的裤腿将他拉出了队伍。

应该说,黑子把这任务完成得极其完满,但驯导员却使劲儿晃了晃脑袋对黑子说:不! 不是他! 黑子大为诧异,眼睛里闪出迷惑的光,因为它确信并没有找错人,可对驯导员又充满了一贯的绝对的信赖。这,这是怎么回事呢?它想。不是他! 再去找! 驯导员坚持。黑子相信了驯导员,又回去找……但它经过了再三再四的谨慎辨别和辨认,还是把那人叼了出来。不! 不对! 驯导员再次摇头。再去找!

黑子愈发迷惑了,只好又走了回去。这次,黑子用了很长的时间去嗅辨。最后,它站在那个“小偷”的腿边转过头来,望着驯导员,意思是——我觉得就是他……不! 不是他! 绝对不是! 驯导员又吼,且表情严厉起来了。

黑子的自信被击溃了,它相信驯导员当然超过相信自己。它终于放弃了那个“小偷”,转而去找别人。可别人……都不对呀?

就在他们那里头! 马上找出来! 驯导员大吼。

黑子沮丧极了,在每一个人的脚边都停那么一会儿,看看这个人像不像“小偷”,又扭过头去看看驯导员的眼色试图从中寻到一点点什么迹象或什么表示……最后,当它捕捉到了驯导员的眼色的刹那间的微小变化时,它把停在身边的那个人叼了出来。

当然,这是错的。

驯导员及那些人却哈哈大笑了起来,把黑子笑糊涂了。之后,驯导员把“小偷”叫出来,告诉黑子:你本来找对了,可你错就错在没有坚持……

一刹那间,令驯导员和全体在场人们莫名意外兼莫名惊恐又莫名悔恨的是,他们看到——当黑子明白了这是一场骗局之后,它极度痛苦地“嗷”叫了一声,几大滴热泪流了出来,之后,它沉沉地垂下头,一步一步地走了开去……

黑子! 黑子! 你上哪儿去?驯导员害怕了,追上去问。

黑子不理他,自顾自往营外走去。

黑子! 黑子! 对不起! 驯导员哭了。

但黑子无动于衷，看也不看他一眼。

黑子！别生气！我这是跟你闹着玩儿呢！驯导员扑上去，紧紧地搂住了黑子，在黑子面前热泪滂沱。

黑子挣脱了驯导员的搂抱，一步一步地走到了营外的一座土岗下，找了个背风的地方趴下了。此后好几天，黑子不吃不喝，神情委顿，任驯导员怎么哄，也始终不肯原谅他。

人们这才发现——哪怕是只狗，也是要尊严的！

或者反过来说——它们比人更要尊严！

后来呢，后来是黑子不再信赖它的驯导员，甚至不再信赖所有的人。同时，它的性情也起了极大的变化，不再目光如电，不再奔如疾风，甚至不再虎视眈眈、威风凛凛……驯导员没办法，只好忍痛安排它退役。

啊，黑子呀！

与你共品

yu ni gong pin

做人，不能丧失人格，不能失去人的尊严。如果丧失了人格，失去了做人的尊严——说句不好听的话，连狗都不如。

本文写了一个军犬的故事，以此来说明一个道理：哪怕一只狗，也是要尊严的，甚至比人还要尊严。也正是由于这个原因，作者把黑子写得富有人性，有人的神态，人的心理，人的思维，最重要的是有人的品格。

“除了不会说话，与人没有差别。”本文在语言描写的形式上，显得有些独特：不用引号。军犬毕竟不会说话，不能与人用语言进行交流，因而所有语言的内容必然是通过其他交际手段进行的：体态动作、手势、眼神目光、神态表情等等。作者正是把这些交际的内容“翻译”成为人类的语言，而又与人类的声音语言有别。这便形成了本文的语言描写形式。

尊重是相互的。我们渴望得到他人对我们的尊重，因为这是做人的起码准则。我们更应该努力去尊重他人，因为我们能够从对他人的尊重中得到快乐，找到做人的根本。

个性独悟

ge xing du wu

★阅读全文后，你觉得作者在这篇文章中写的仅仅是军犬的故事吗?对我们为人待人方面有什么启示?

★文章结尾处画线的语句是从反面说的，如果从正面来看，这是写黑子被骗前的表现，那么，作者为什么不把这些写在文章的开头呢?

★文章说“任驯导员怎么哄，也始终不肯原谅他”，黑子不能原谅驯导员的是什么?

★从黑子的悲剧中读者会得到很多启迪，如果从黑子的角度来看，应该怎样理解?

作文链接

zuo wen lian jie

井蛙后传 / · · · 熊仁前

且说井底之蛙因“坐井观天”而备受奚落，心里很不是滋味。经过一番深入反思后，它决定到外面去看一看，闯一闯。

于是它每天起早贪黑地苦练跳跃。一天，两天……一个月，两个月青蛙越跳越高，最后纵身一跃，终于跳出了祖祖辈辈生活多年的水井。

抬头一望，哇!没想到冉冉升起的朝阳那样火红，没想到一望无际的平原那样辽阔，没想到一排排的大树那样高大挺拔，更没想到江水那样波涛汹涌。只是那江面上隐隐约约漂着一些白色的东西，如一群群幽灵，在江面上顺着流水肆无忌惮地漂流。青蛙无暇细想，因为这一切对于它来说实在是太神奇了。它兴高采烈地向江边跳去，满怀希望，跳向远方。

跳啊跳，它终于跃上了堤坝，清清楚楚地看见了波涛滚滚的大江。江面上一些白色固状物浮现在眼前，浑浊的江水时不时卷起黄绿色的浪花。虽然有一股怪味,青蛙却没在意,心想那江水一定与井里的水没有两样,便纵身跳了下去,喝了口水,不是那井里的泥土味儿,而是腥臭无比,难以下咽。青蛙连忙吐了出来,屏住气游转身去,好不容易上了岸,才总算喘过气来。在太阳下晒了会儿,浑身不舒服。

青蛙忍着奇痒向东跳去,跳了一会儿,看到一片草丛,心想这回可有虫子吃了,心里不禁美滋滋的,便加快脚步钻了进去。扒开草丛,却有一股臭味扑鼻而来,熏得它差点儿晕了过去。青蛙有些"不见棺材不落泪",想探个究竟,没想到草下面堆满了垃圾,恶心至极。青蛙连忙捂着鼻子跳开了。

青蛙很沮丧,没想到屡次出师不利,好处没得到,倒吃了个哑巴亏,真是有苦难言。但它想起自己的凌云壮志,想起那地动山摇的誓言,最后决定继续闯下去。

青蛙向西跳去,看到了一片芦苇,芦苇下面的汩汩流水倒还洁净,也没什么怪味,便纵身跳了下去,钻到水底,才发现水里没虫没草,没鱼没虾,除了光亮的鹅卵石,甚至连青苔也没有。正想着,突然听到"刷"的一声,还没反应过来,就被一个渔网网住了。只见一个渔翁笑逐颜开地将它放进一个桶里,又到一边去寻找猎物了。青蛙看了看那桶,空空的,除了自己连个蟹兵虾将都没有,难怪渔翁那样高兴呢! 青蛙使出全身的力量,尝试再三,终于逃了出去。

青蛙一口气跳了几里路,生怕那渔翁追来,直到确信安全时,才放慢了脚步。想起刚才的凶险,差点儿丢了性命。"痛定思痛,痛何如哉! "它不打算再往东边去了,已经厌倦了井外的一切。它不禁想起那清静舒适的环境:井底那清澈的泉水,新鲜的苔藓,清新的空气,那无忧无虑的生活,那朝夕相处、体贴入微的亲人……

"外面的世界很无奈!"青蛙这样唱道。于是它又迎着夕阳,向它深深爱着的那口井奔去。

本文作者用诙谐的写作手法,以成语"坐井观天"中的井底之蛙拼命跳出深井以寻求乐土为线索,重重鞭挞了人类破坏环境的罪恶行径。作者巧借井底

之蛙的视角、触角、味角，由希望到失望到无奈，最后只好重新回到了虽遭奚落但不遭痛苦的深井。通过对比，触目惊心地凸现了环境遭受破坏的程度。

最后一头狮子的故事 / · · · 佚 名

哦，我太饿了，整整五天没进食了。肚子里唱着“空城计”，再这样下去，我一定会饿死的。一想到这，我就不禁泪如雨下。可是，我绝对不能死，因为我是地球上最后一头狮子。想当年，我的家族在地球上一代一代地繁衍，“万兽之王”的称号威震整个森林。可如今，竟然面临着灭绝的危险！不行！我一定要坚强地活下去。

我的美好家园——森林已经一点点地消失，我无家可归。我找不到一只动物，就连一只蚂蚁也没有。我很失望，甚至有些恼火，本打算在路上找点儿东西先填填肚子，现在这样，我快支撑不住了，怎么办？我盼望着春天的到来。春天来了，天气暖了，一大群动物都结束冬眠出来活动。本以为一顿美餐在向我召唤，本以为最后一头狮子有了生存的希望。可是，今年的春天却使我大跌眼镜：温度异常，忽冷忽热，不知是谁得罪了天公，该死的“厄尔尼诺”使我一点都不适应。忽然，幸运地遇上一只野兔从旁边奔过，可惜被该死的猎人“近水楼台先得月”，坏了我的好事。我费了九牛二虎之力，保住了自己的性命。我一路上没见到动物，所以，临时决定离开森林，去城里谋条生路。

我走啊走，饿着肚子，靠着我“万兽之王”的耐力终于到了城里。不来不知道，街上的餐馆多得数不胜数，隔着明亮的玻璃窗，我惊奇地看到餐桌上的鸡鸭鱼肉比比皆是，麻雀、青蛙、野兔、龟鳖已经屡见不鲜，更有甚者竟把羚羊、鳄鱼、熊掌搬上了餐桌。看着这一幕幕，我不由犯疑：人类的胃口真的这么大？人类真的在向“无所不吃”的境界迈进吗？我的心中油然而生一股怒气，人类竟然这样对待动物！竟然是这样的无情！

我看见了，许许多多的人，脚挨脚，简直可谓摩肩接踵，在街上一步一步地挪动着；又看见，从餐馆里出来的人络绎不绝，嘴角上满是油腻，嘴里还“赞叹”着菜肴的可口。我控制不了自己，决定今天至少要吃五个人，一来填饱我那已经饿瘪了的肚子，二来解除我心头之恨。我别无选择。俗话说：“人不犯我，我不犯人；人若犯我，我必犯人！”因为我的食物进入人类的肚子，我的同类也进了人类的肚子，为了我的生存，我就要将人类送入我的肚子。

我伸长了脖子，长啸一声，提醒人们“万兽之王”来了，他们正面临危险。

街上的人惊异地转过头来，看见了我。我窃喜：怎么样，害怕了吧？我“万兽之王”不是吹的！我想象人们会声嘶力竭地叫，会丢掉东西四处逃命——因为自古就是这样。但是我错了，完全错了，他们血红的眼睛里分明是惊喜，他们恶狠狠的脸上分明洋溢着贪婪的神情！接着，我听见一阵令我不寒而栗的笑声：“哈哈，有一头狮子！是啊，很久没有品尝狮子的美味了。今天机会来了！”“上！抓住那头狮子！”“……”

他们拿出绳子、刀子、麻袋，甚至还有枪，不顾一切地向我逼近，多么“勇敢”！我这才意识到自己的危险，意识到人类的冷血无情。我奋力向后跑，但一切都太迟了，太迟了……

我被他们抬起，一步一步走向死亡。我望着昏沉沉的天空，天上没有一丝阳光，周围没有一丝春意——似乎很久没有阳光，很久没有春意了。我绝望地闭上眼睛，才明白为什么我的兄弟姐妹同胞们会死亡，也明白了为什么春天来了，动物却没有出来活动，明白了为什么餐馆里的餐桌上躺满了我的同胞，我什么都明白了——这一切都是人类的“杰作”！

我感到悲哀，地球上最后一头狮子也即将死去了，我不忍。已宣告狮子灭绝了，实在不忍心，因为万兽之王都灭绝了，那意味着什么呢？它意味着地球上所有的动物都灭绝了。那么，下一个该轮到谁呢？

“万兽之王”之称的狮子，因到处找不到吃的而饿得天昏地暗，最终被冷血无情的人类吃掉。文章描绘了人类正在灭绝所有的动植物的悲惨景象，道出了地球生态环境的恶化。作者用夸张的笔调，反问“下一个该轮到谁”极富警示性。

鹤之恋 /··· 唐小林

鹤是空中的音乐。

我徜徉在青逼人眼的芳草地,正静静地看天,看着淡蓝得令人心醉的天幕上那飘动着的几朵随意舒展的云,鹤就来了。

先是一个小黑点从天际浮上来,小黑点越来越大,至头顶才看清那颀长的颈、流线型的身姿,金色的阳光随着翅羽的收张缓缓地流动。它们旋转着飘落下来,像雪花,落在水田里、树梢上、竹丛中,悄声无息。

心里有一支小提琴独奏曲蔓延开来,每一个细胞都在乐声中颤动。

小时候就喜欢这样半天半天发愣地看着鹤。

想拥有一只鹤,可它庄严、圣洁,几乎不容侵犯。

于是,常常趴在屋后的竹林中,看鹤们觅食、小憩、嬉闹。每逢这样的时候,我是连大气都不敢出的。鹤的警惕性特别高,稍有动静,它们便会结群飞走。我特意为它们准备的谷、麦等食物,都得等夜深人静时撒在竹林的空地。第二天远远地趴着看它们悠闲啄食,我心里真是美滋滋的。

想拥有一只鹤的愿望越来越强烈了。

夏日的一个中午,正在午睡,猛然听见屋后竹林中传来鹤惊慌失措的哇哇叫声,紧接着传来震人心魄的"砰砰"两声枪响。我心一惊,翻身下床,向屋后跑去。只见两个城里模样的人提着还冒着青烟的猎枪。一只鹤卡在竹杈中挣扎,显然受了伤,洁白的羽毛渗出点点殷红。

我不知哪来的勇气,扯大嗓子喊:"有人打鹤啦!有人打鹤啦!"稚嫩的童声在静谧的旷野中传得老远老远……

村里赶来了许多乡亲,那两人只得气急败坏灰溜溜地跑了。

鹤在竹杈上,爪子像抓着一根救命稻草般牢牢地抓着一个斜倚的竹枝。血,一滴,一滴……滴滴鲜血,像砸在我心上,锥扎般痛。坚持了十多分钟,那只受伤的鹤突然展开翅膀扑棱了一下,像只断线的风筝栽落了下来。

我迅速将鹤抱回家,给它敷上云南白药,包扎好伤口。每天放学回家,都将鹤抱出来晒太阳。它的伙伴们总会成群结队在我头顶上空盘旋。我给这只鹤取名为飞雪。阳光下,我醉心地抚摸着飞雪那绸缎一样的羽毛,飞雪对我的抚摸也报以最亲切的呼应，用她那颀长的颈蹭我的脸，用淡黄的喙啄我的手心，那湖蓝色的瞳眸中充满了无限暖意。

几天后，我放学回家，不见了飞雪，急得要哭。父亲才黯然地说："恐怕不行了，它伤口已经溃烂了。"

我在柴堆中找到了飞雪。它胸部急剧地起伏着，看见我，它动了一下，似乎想站起来；可努力的结果，使它伤口处渗出了暗红的血。我缓缓地捧起飞雪，这才发现我家屋顶上密密麻麻地站满了鹤，一只一只静立着，像玉雕；夕阳的光焰包围着她们，纤毫毕现。

我预感到了什么。飞雪努力地将颈子伸向我的脸，快要接近时突然一歪，我分明看见一颗晶莹的泪珠从飞雪的眼眶中滚落下来……

我的泪水夺眶而出，滴在飞雪尚有些余温的身上。

群鹤飞起，凄厉的叫声此起彼伏，响彻云霄。

我心中的音乐"砰"然弦断！

从那以后我家屋后的竹林里很少再能见到鹤，但我却时常梦见鹤，梦见飞雪在金色的阳光下舒展着金色的翅膀向我飞来……

【简评】

全文以"爱"字一线贯穿。小时候特别爱鹤，希望拥有一只鹤；而被现实震惊。于是想保护鹤，以至飞雪死后还常常梦见。细节描写生动传神。如鹤受伤后紧紧抓住竹枝的情态、鹤受伤后的惨状，寄寓了作者对猎人破坏美好事物、美好环境行为的控诉。

语言灵动，有文采，文章节奏舒缓，用词典雅讲究，在平淡叙写中见深厚意蕴。所写的事件是生活中常见的，但作者不只是简单叙事，而是把自己的独特情感和感悟真实地写下来，挖掘其蕴含的深意，对破坏美的行为给予了指责。作者所期待的是人与自然的和谐统一，正如结尾处所描写的美景那样"飞雪在金色的阳光下舒展着金色的翅膀向我飞来……"使文章有深度，令人深思。

与野生动物的对话 / · · · 李婉婷

夜色笼罩着大地，如水的月光毫不吝惜地洒在了我的四周。放下手中的书,这静谧的夜使我不禁有些迷糊了……

我觉得自己是在奔跑,又像在飞翔。忽然,我发现了一片绿色,散发着生命气息的绿色,它吸引我走了进去。

一只蓝脸的小金丝猴看见我,对它的同伴大声招呼:"快过来呀！来了个新朋友。"看到这一幕,我惊呆了。很快,一群小猴跳着靠近我。它们那么可爱,十分友善地同我打招呼,让我的戒心也没有了。

我刚要同它们搭话,一只大鸟飞了过来,瞪了我一眼,又对那些小猴叫道:"小心！这是个人。快离她远一点儿,她会吃掉你们的！"

小猴们马上往后退了几步。我忙说:"不,不会的。"

这只大鸟又气愤地对我说:"撒谎！你们这些可怕的人啊！我和我的11个兄弟身上不知被你们给注射了什么东西,让我们浑身抽搐,叫不出声也动弹不了。除了我以外,我那可怜的兄弟们全都死了……"

在它说话的时候,我认出了这是一只隼。哦,我想起来了,前些日子,报上刊登过这样一条新闻:一个走私者往12只隼身上注射毒品过量而导致它们中11只死亡。

"你说你们为什么要这么残忍地对待我们?"面对这只隼的质问,我无言以对。

"说得对！"一只大龟慢慢地爬了过来,冲着我充满怨恨地说,"唉,早在两百年前,因为我们肉美又易捕杀,你们这些人就无休止地捕杀我们。到20世纪初,我的最后一个同类也被你们用火枪打死了,幸亏我躲到这里,才免遭你们毒手。"

我明白了,这一定是近代史上记载的那种毛里求斯海岛的海龟,由于人类的滥捕滥杀,早在1902年就已灭绝了。

我想为人类辩护一下,便说:"我们以前的做法不对,但现在,我们已经开始保护你们了。你们知道自然保护区吗?在那里……"

没等我说完,有一个声音就打断了我。我扭头一看,原来是一群穿山甲。

为首的一只悲伤地说："那有什么用？难道因为我们生活的地方不是保护区，就该被你们吃掉吗？这两年，你们掀起吃山珍的热浪，我的一大批亲人都进餐馆了。你说，你们怎么赔偿我们？"

"对，你们怎么赔？""对，对，让她赔！""就是！"我发现这时围在我身边的动物越来越多：雪豹、盘羊、马来熊、东北虎……

这些愤怒的野生动物一起向我逼近，都扑向我。我眼前一黑，只觉得好像掉进无底深渊。

吹进几丝凉风，我睁开了疲倦的双眼，原来是一场可怕的梦。

现实幻化为梦境，梦境折射着现实。人类大肆捕杀野生动物，也是为自身挖掘坟墓。野生动物绝迹之时，就是人类自己灭亡之日。有良知的人们，向野生动物伸出自己的援助之手吧！因为，那也是在拯救人类自己。

【简 评】
jian ping

文章运用拟人的修辞手法，赋予众野生动物以人的语言、动作、神态，人的思想性格，虚拟了与野生动物对话的梦境。虽然是梦境，却是当今社会人类残忍的一个缩影。野生动物在控诉人类，让人类觉醒：向野生动物伸出援助之手，那也是拯救人类自己。

关于狼的思考

生物卷

为什么要装模作样，化为一只枯叶蝶

我愿这自然界的一切都显出它们的真相

在我看来，残忍是人类最大的罪恶。只要我们承认每个生灵都有感觉，都可能体验到痛苦，那么如果我们仍然故意让动物受苦，我们同样是有罪过的。我们无论是这样对待人类还是对待动物，都是在残酷对待我们自己。

了解了这一点，我们就可以少一点傲气，对与我们共享这颗星球的可爱的动物，特别是具有复杂的大脑和社会行为的动物，我们应当另眼相看，尊重它们。

枯叶蝴蝶 / · · · 徐 迟

峨眉山下，伏虎寺旁，有一种蝴蝶，比最美丽的蝴蝶可能还要美丽些，是峨眉山最珍贵的特产之一。

当它阖起两张翅膀的时候，像生长在树枝上的一张干枯了的树叶。谁也不去注意它，谁也不会瞧它一眼。

它收敛了它的花纹、图案，隐藏了它的粉墨、彩色，逸出了繁华的花丛，停止了它翱翔的姿态，变成了一张憔悴的，干枯了的，甚至不是枯黄的，而是枯槁的，如同死灰颜色的枯叶。

它这样伪装，是为了保护自己。但是它还是逃不脱被捕捉的命运。不仅因为它的美丽，更因为它那用来隐蔽它的美丽的枯槁与憔悴。

它以为它这样做可以保护自己，殊不知它这样做更教人去搜捕它。有一种生物比它还聪明，这种生物的特技之一是装假作伪，因此装假作伪这种行径是瞒不过这种生物——人的。

人把它捕捉，将它制成标本，作为一种商品去出售，价钱越来越高。最后几乎把它捕捉得再也没有了。这一生物品种快要绝种了。

到这时候，国家才下令禁止捕捉枯叶蝶。但是，已经来不及了。国家的禁止更增加了它的身价。枯叶蝶是因此而要绝对地绝灭了。

我们既然有一对美丽的和真理的翅膀，我们永远也不愿意合上它们。为什么要装模作样，化为一只枯叶蝶，最后也还是被售，反而不如那翅膀两面都光彩夺目的蝴蝶到处飞翔，被捕捉而又生生不息。

我要我的翅膀两面都光彩夺目。

我愿这自然界的一切都显出它们的真相。

与你共品
yu ni gong pin

本文作者徐迟(1914~1996),浙江吴兴人。作家、翻译家。著作有报告文学集《我们这时代的人》《哥德巴赫猜想》等。选文描述了一种善于伪装终被捕捉的蝴蝶,揭示了伪装无法行之于世的道理,表达了让一切事物的真相呈现于人们的面前,让美丽的和真理的翅膀大放异彩的良好愿望。

文章笔法精练,寓意深刻,阅读时注意其叙议结合的表现手法,揣摩其深刻的含义。

个性独悟
ge xing du wu

★枯叶蝴蝶怎样伪装自己?枯叶蝴蝶尽管伪装了自己,但还是逃不脱被捕捉的命运,原因是什么?

★枯叶蝴蝶最后的命运怎样?

★文章最后两句表达了作者怎样的愿望?

像山那样思考/···[美]利奥波德

一声深沉的、骄傲的嗥叫,从一个山崖回响到另一个山崖,荡漾在山谷中,渐渐地消失在漆黑的夜色里。这是一种不驯服的、对抗性的悲哀,和对世界上一切苦难的蔑视情感的迸发。

每一种活着的东西(大概还有很多死了的东西),都会留意这声呼唤。对鹿来说,它是死亡的警告;对松林来说,它是半夜里在雪地上混战和流血的预言;对郊狼来说,是就要来临的拾遗的允诺;对牧牛人来说,是银行里红墨水的坏兆头(指入不敷出);对猎人来说,是狼牙抵制弹丸的挑战。然而,在这些明显的、直接的希望和恐惧之后,还隐藏着更加深刻的含义,这个含义只有这座山自己才知道。只有这座山长久地存在着,从而能够客观地去听取一只狼的嗥叫。

不过,那些不能辨别其隐藏的含义的人也都知道这声呼唤的存在,因为在所有有狼的地区都能感到它,而且,正是它把有狼的地方与其他地方区别开来的。它使那些在夜里听到狼叫,白天去察看狼的足迹的人毛骨悚然。即使看不到狼的踪迹,也听不到它的声音,它也是暗含在许多小小的事件中的:深夜里一匹驮马的嘶鸣,滚动的岩石的嘎啦声,逃跑的鹿的砰砰声,云杉下道路的阴影。只有不堪教育的初学者才感觉不到狼是否存在,和认识不到山对狼有一种秘密的看法这一事实。

我自己对这一点的认识,是自我看见一只狼死去的那一天开始的。当时我们正在一个高高的峭壁上吃午饭。峭壁下面,一条湍急的河蜿蜒流过。我们看见一只雌鹿——当时我们是这样认为——正在涉过这条急流,它的胸部淹没在白色的水中。当它爬上岸朝向我们,并摇晃着它的尾巴时,我们才发觉我们错了:这是一只狼。另外还有六只显然是正在发育的小狼也从柳树丛中跑了出来,它们喜气洋洋地摇着尾巴,嬉戏着搅在一起。它们确确实实是一群就在我们的峭壁之下的空地上蠕动和互相碰撞着的狼。

在那些年代里,我们还从未听说过会放过打死一只狼的机会那种事。在一秒钟之内,我们就把枪弹上了膛,而且兴奋的程度高于准确:怎样往一个陡峭的山坡下瞄准,总是不大清楚的。当我们的来复枪膛空了时,那只狼已经倒了下来,一只小狼正拖着一条腿,进入那无动于衷的静静的岩石中去。

当我们到达那只老狼的所在地时,正好看见在它眼中闪烁着的、令人难受的、垂死时的绿光。这时,我察觉到,而且以后一直是这样想,在这双眼睛里,有某种对我来说是新的东西,是某种只有它和这座山才了解的东西。当时我很年轻,而且正是不动扳机就感到手痒的时期。那时,我总是认为,狼越少,鹿就越多,因此,没有狼的地方就意味着是猎人的天堂。但是,在看到这垂死时的绿光时,我感到,无论是狼,或是山,都不会同意这种观点。

自那以后,我亲眼看见一个州接一个州地消灭了它们所有的狼。我看见过许多刚刚失去了狼的山的样子,看见南面的山坡由于新出现的弯弯曲曲的鹿径而变得皱皱巴巴。我看见所有可吃的灌木和树苗都被吃掉,先变成无用的东西,然后则死去。我看见每一棵可吃的、失去了叶子的树只有鞍角那么高。这样一座山看起来就好像什么人给了上帝一把大剪刀,并禁止了所有其他的活动。结果,那原来渴望着食物的鹿群的饿殍,和死去的艾蒿丛一起变成了白色,或者就在高出鹿头的部分还留有叶子的刺柏下腐烂掉。这些鹿是因其数目太多而死去的。

我现在想,正是因为鹿群在对狼的极度恐惧中生活着,那一座山就要在对它的鹿的极度恐惧中生活。而且,大概就比较充分的理由来说,当一只被狼拖去的公鹿在两年或三年就可得到补替时,一片被太多的鹿拖疲惫了的草原,可能在几十年里都得不到复原。

牛群也是如此,清除了其牧场上的狼的牧牛人并未意识到,他取代了狼用以调整牛群数目以适应其牧场的工作。他不知道像山那样来思考。正因为如此,我们才有了尘暴,河水把未来冲刷到大海去。

我们大家都在为安全、繁荣、舒适、长寿和平淡而奋斗着。鹿用轻快的四肢奋斗着,牧牛人用套圈和毒药奋斗着,政治家用笔,而我们大家则用机器、选票和美金。所有这一切带来的都是同一种东西:我们这一时代的和平。用这一点去衡量成就,全部是很好的,而且大概也是客观的思考所不可缺少的,不过,太多的安全似乎产生的仅仅是长远的危险。也许，这也就是梭罗的名言潜在的含义：这个世界的救星在荒野。大概，这也是狼的嗥叫中隐藏的内涵，它已被群山所理解，却还极少为人类所领悟。

与你共品
yu ni gong pin

常理中，狼往往是邪恶的象征，必斩尽杀绝而后快；常情中，鹿则每每是被同情的弱者，除狼而护鹿，已成为世人的思维定式。因此，实际生活中，无论是有关狼的见闻、经历、见解还是感受，都带上了人们主观的色彩，加进了人们主观的评价，融进了人们善恶的标准。然而，正是这极普通、极常见、极习以为常的声声狼的嗥叫，却引出了作者一番超常的、理性的思考。

像山那样思考，就必须透过表象去看问题；像山那样思考，就必须关注自然界本身的生存与发展；像山那样思考，就必须放弃常理中的善恶标准；像山那样思考，就必须善待自然界中的一切。因此，我们沿着作者的思路，像山那样思考下去，便会领悟到，不仅仅是狼，不仅仅是鹿，大自然中的一切生灵，我们都应冷静地、客观地、理智地去对待。

个性独悟
ge xing du wu

★“像山那样思考”是怎样的一种思考？

★文中“正是因为鹿群在对狼的极度恐惧中生活着，那一座山就要在对它的鹿的极度恐惧中生活。”为什么会是这样一种结局？

★结合现实谈谈你如何像山那样思考？

蜘　蛛／···涂静怡

那是一个夏日的午后，天空突然下了一阵不算小的雨，夹带着风，一下子就把我窗前的那些盆花，淋得面目全非。泥水从花盆里向外溢，使铺着花砖的走廊，溅上了许多，也使原来十分清洁的小园子，立刻呈现出一副肮脏不堪的样子。

我提了一桶水，正想冲洗一下走廊。突然，在靠墙的地方，我发现了一只蜘蛛，它挺着鼓鼓的肚皮，正十分吃力地、从污染着泥水的地面上朝着干燥的地方爬。看到蜘蛛，我本能地有一种厌恶的感觉，便抬起腿来，想把它踩死。

我之所以讨厌蜘蛛，是因为无论在什么地方，它都会张起网来捕捉小虫。在窗棂上，在屋檐下，甚至于屋里的吊灯上面，大蜘蛛张着大的网，小蜘蛛张着小的网，蛛网上挂着小虫的残骸。无论是怎样整洁的房子，一有了蛛网，就会令人生厌，令人觉得这个屋子里的主人不勤于打扫。可是那些蛛网，常常在头一天清除，第二天又出现了；它们是那样勤于和人缠斗，好像永远都除不掉，打不散似的。因此每当我拿了扫帚，或是竹竿，清理隐藏在角落里的蛛网时，总是生气地想把它们赶尽杀绝。

我抬起脚来，心想，这一回，这只落难的蜘蛛是死定了；而它似乎也知道自己正面临生死关头。它略一迟疑，便拼命地挣扎着，艰难地向墙角里爬。

不知是一种什么意念，我抬起的脚竟没有踩下去。我看到它那样惊恐，那样吃力地爬着，顿然萌生了恻隐之心。我很快地挪开了脚，怔怔地注视着它，对于自己想弄死它的念头，反而感到不安起来。

我从小就喜欢小动物，平时，连一只小蚂蚁都不愿意随便加以伤害，何况是一只正在困难中挣扎的蜘蛛呢？

它奋斗的意志，是那样坚忍，单凭这一点，我便不该有伤害它的心理。无论如何，蜘蛛也是大自然中的一分子。虽然它不受人们的重视，可是它也应该有生存下去的权利。不是吗？它到处结网，原是和我们人类一样只是为了经营生活，我怎能够对它心存厌恶呢？于是我找来一根竹竿，把它从地面挑起来送到干燥的地方。我这个举动，起先一定使它大为惊恐，它一定以为自己是死定了，可是等我把它放到干净的地方，它又似乎有点迷惑起来的样子。我好像觉得它回过头来，奇怪地望着我，似乎是怀着感激的心情，然后便安稳地爬走了。我静静地看着它爬走的背影，那神态，使我心中忽然感到无比的舒泰。

夏天的雷雨是短暂的。雨过天晴后，空气特别清新，闷热也消散了。尤其到了傍晚，更是分外清纯美丽。那时候晚霞映照着我的屋子，走廊上洒满淡淡的金黄。我怀着满心的喜悦，站在走廊上欣赏着这难得的傍晚景致。

突然，我抬起头来，看到屋檐下又新结了一个蜘蛛网。蛛网在夕阳的光辉映照下，是那样明显：那织着多角形的网，由疏而密；有着鼓鼓的肚皮的蜘蛛，坐在中央，它偶尔动弹一下，蛛网便在夕阳中微微晃动，显示出那是一个多么安适而优美的处所。

我凝神注视着蛛网，心中想着，不知道这只蜘蛛是不是就是我本来想要把它弄死的那一只？如果是，那它真是够幸运了。它原该死在我的脚下，却由于我一时的怜悯，使它得以逃生。也就因为这个缘故，我现在对于蜘蛛，反而会用欣赏的眼光来看它。其实蜘蛛织的网，点缀在屋檐下，只要你肯用另一种眼光，从某种角度去欣赏，它将会是一幅最原始而且优美的图画呢。

不知道为什么，我以前只看到蜘蛛会令我讨厌的一面，从没有发现它也有可爱的一面呢？它那不屈不挠的精神，那巧妙地织成的网，在满天晚霞的衬托下，是多么动人啊！大自然里隐藏着纯洁和恩惠，我竟然都把它给忽略了。直到这一刻，我才深深地领悟到：原来，太阳、风雨、草叶、昆虫……全都是造物者为了愉悦我们而安排和使其存在的，问题只是看我们持什么样的心情和角度去欣赏，如何去发现和爱惜它罢了。

“我”在打扫清洁的过程中无意发现讨厌的蜘蛛，当“我”正准备消灭它时，却动了恻隐之心，无意中又发现了蜘蛛的另一面，造物者为我们安排了形形色色的动物，只是看我们用什么心态去看待罢了。

个性独悟

ge xing du wu

★作者说“我便不该有伤害它的心理”你理解作者为什么会有这种心理？

★作者对蜘蛛结网的看法前后不同，从文中找出表现作者对蜘蛛结网看法发生改变的一句是哪句？

★用另一种眼光去看，会发现蜘蛛有可爱的一面，作者认为蜘蛛的可爱表现在什么地方？

快乐阅读

kuai le yue du

公鸡和母鸡 /··· [菲律宾] 罗西斯

我和哥哥基克在玉米地里看到两只鸡在打架。哥哥兴奋地指着其中一只嚷道：“瞧，这是一只多好的公鸡！”

哥哥一把抓住了它，我仔细一瞧后说：“基克，这是只母鸡。你没看见它没有鸡冠吗？”

哥哥不服气，说会打架的就是公鸡，而且它长着公鸡的距和尾巴。于是，我俩一直为这只鸡是公是母争论不休，一直争到饭桌上。

“别争了。这鸡是公的，就是长得像母鸡。”妈妈看了这只鸡后，过来阻止我们再争吵下去。

事情本该到此结束,没想到爸爸也来凑热闹,他说:“你错了,这鸡是母的,就是看上去像公鸡。”一场争论又持续下去了。

妈妈争不过爸爸,哭了,我们赶紧跑了出去,去找村长,他说话有权威性。

谁知,他说了一番颇具哲理的话:“它不像我所看到过的任何一只公鸡,也不像我所看到过的任何一只母鸡。所以它可能不是鸡。”

“啊,天啊,这不可能。”我和基克不相信,决定去问问专门研究家禽的克鲁兹先生。

克鲁兹先生说,只要看鸡的羽毛,末端是圆的是母鸡,是尖的,就是公鸡。

我们仔细察看这只鸡的羽毛末端,结果有圆的,也有尖的。这可难办了。

突然,基克想出了一个好办法,把这只鸡带到斗鸡场去,如能打败公鸡,就得承认它是公鸡。我同意这个办法。

在斗鸡场,基克选中一只在斗鸡杂志封面上登过照片的有名红公鸡来同我们这只鸡斗。据说它杀死过的鸡多得数不清,有一次它还把周围农场的母鸡全都引诱出来,跟随在它身后。可见,这鸡有多威风。

我有点儿担心,我们这只鸡会被它啄死。可不,斗鸡一开始,红公鸡威势十足,可是,它们对视了一会儿,意想不到的事发生了。那红公鸡竟爱上了我们的鸡。我们的鸡利用这一有利条件,一下子把距插进了红公鸡的胸膛。

“现在你该相信它是公鸡了吧?”基克不无得意地对我说。

我相信了。当我捧着那只鸡时,它开始颤抖起来,接着一个热乎乎圆滚滚的东西掉进了我的手心里,是个鸡蛋!

那只鸡咯咯地叫着,好像在嘲笑我们。

与你共品

yu ni gong pin

爱·阿·罗西斯是菲律宾当代作家,曾经担任联合国教科文组织菲律宾委员会主席。

《公鸡和母鸡》是一篇反映菲律宾儿童生活情趣的小小说。写的是两兄弟围绕一只鸡的争论:是公鸡还是母鸡?几经周折,最终以一个“热乎乎圆滚滚”的鸡蛋结束争论。故事短小,但情趣跌宕起伏,妙趣横生,引人入胜。由于认识的差异,争论成了生活的调料,争不清楚时最好不争,等待时间来作结论。两兄弟的争论,带着几分幼稚、几分天真,却揭示了认识论中的一个大问题,现象与本质、理论与实际,个中道理,还须读者细细品味。

这篇小说语言简练,节奏明快,文思精妙,寓庄于谐,寓教于乐,可视之为当代儿童文学之极品。

个性独悟

ge xing du wu

★故事从"看到两只鸡在打架"开始。哥哥为什么说:"这是一只多好的公鸡!"

★村长的结论是什么?他的理由是什么?

★最终是谁证明了那只鸡不是公鸡是母鸡?这说明了什么?

快乐阅读

kuai le yue du

一叶一菩提/···尤　今

那是个阴雨天。那只无名鸟出其不意地来拜访的时候,我的心境并不好。

当时我正在读一本关于古人的书,读着一位与我同姓不同名的不幸诗画家的一生,正读到诗画家发疯癫狂的时候,那只无名的小鸟从窗外丝丝缕缕的雨中掠进屋内,轻落在我的书桌上,小小的扑痕印在摊开的书上,印在疯子诗人和画家徐渭的酒桌上。它大大方方地抖了抖身体,旁若无人地用它的短喙啄吸身上湿湿的羽毛,瘦弱、粉红的肉身露了出来。其实,它的羽毛实在算不上好看,平常得如同我的模样毫不出众。

我很欣喜地看着这个活脱脱的小生命的出现。它姿态漂亮且很调皮地看着我,清脆的啼叫让我的感觉清新。我伸手去抓它,它跳了几跳,并不恐惧,只是用小小的硬喙轻啄我的手指。

后来的结局是它被送进我的一个精巧的鸟笼里。

这一方小天地使它的翅膀感到陌生和委屈,但它似乎并没有意识到这意味着什么,依旧很活泼地抖动双翅,自在地啼叫。

以后的几天里我并没有过多地注意它。有天晚上夜很深的时候,我去鸟笼边看了看它,它似乎很不安,喉咙里咕咕地发出细碎而低沉的声音,我似乎感到它的眼光有些怪异,我凝视它那暖烘烘的羽下的那颗搏动的心已经超越了这狭隘的时空。

那天晚上,我的睡眠便不断遭到这只小生命骚扰,脑际不断掠过它飞翔的姿势,缕缕清风吹过,就像一首歌轻轻漫过我。我看见它的同族们在美丽的树丛中、岩石上筑巢,按照自己的希望和心愿在属于自己的天空中飞行,把一些不知名的草籽衔来衔去,向田园和感伤显示一片森林、一泓源泉、一际山岚。即使某一天在某一处草地或是布满陌生石头的地方跌落,它们也会以无声的鸟骨在月光下告诉所有的过往行者,这里有过飞翔。

昏沉的梦境中我放飞了这只难忘飞翔的小生命,在它双翅缓缓地拍动中,我从容无虑地畅然入睡。

第二天醒来我决定放它远行,而使我感到一生欠债的是这只无名的小生命已经很安详地死去。它躺在这个小巧玲珑的栅栏里,从此无梦。它的灵魂无疑已飞出了围困,掠过蓝天、森林和美丽的原野,飞进了大自然的呼吸里,用自己的歌喉,唱自己喜爱的歌。

生命无多。这只一生一世只习惯于飞翔、习惯于对着天空和大自然说悄悄话的无名小鸟,在被束住双翅后无言死去,这是使一切渴望天空的心灵战栗和寂寞的时刻。在它无言而去的以后日子里,我将想起这只瘦小的长满羽毛的小生命,我会感到有一种声音遥遥地呼唤我。许多关于鸟的故事,关于飞翔、爱和洋溢太阳气息的梦,都会涌向我,使我遍体长满羽毛,长满天空的魅力,长满诗意和颂歌。

每到天阴的日子里,我的一种心情形成,总以为会有谁飞临我的世界,使我满目清明,使我的身体内充满细小温柔的声音。我记得和这只鸟同样短命的一位年轻诗人的诗句:你的心脏不是为防范而是为飞行所生。

与你共品

yu ni gong pin

本文写的是无名小鸟，通过对小鸟命运的一唱三叹，表现了小生命对自由的向往，对飞行的憧憬。在作者关注小生命的人文情怀里，在畅达优雅的抒情中，作者告诫人们：世界上所有的生命都是平等的。不要囚禁任何一个活脱脱生命飞行的自由！哲理丰富，意味悠长。

个性独悟

ge xing du wu

★从全文结构看，写无名小鸟是按什么顺序来写的？

★从全文语言上看，运用了哪些表达方式？

★从全文的情感看，作者抒发了什么思想感情？（评价文章情感）

★请从《辞海》或《现代汉语词典》中查明“菩提”的意思，然后结合课文，领悟标题的内涵。

快乐阅读

kuai le yue du

人眼看猫 / · · · 李杭育

天很冷了，猫还是老想往外跑，一到晚上就时不时地转到门口过道上蹲着，指望我开门放它出去。企盼之甚，有时它会面对纹丝不动的门板出神凝望，一蹲就是大半个钟头，又犟又傻，那副执着而殷切的神情让人看了很不好受，常引起我的同情心来。拗它不过，有几回我就去开了门放它走。

照理说猫很怕冷；而这又是一只很一般的猫，并没有很长的毛能帮助它御寒。每回出去野,它至少得在外面待两三天才肯回转。腊月了,虽是南方,户外气温也只三五度,早晚还会降到零下。我真不懂它怎能在外面待得住!还有吃的呢?何以果腹?如今的猫都只吃熟食,还得有荤腥,还挑剔,饭稍有变味它就厌弃。外面有好饭好菜替它预备着吗?总之温饱都成问题。事实上,猫每次从外面回家来,总是又瘦又脏,抖簌簌的一副可怜相,身上各处还总不免带回些让别的猫抓咬下的伤痕。这就是为什么我不大愿意放它出去的道理。外面寒冷,外面没有确定的食物,外面却是有着受攻击受伤害的危险。

但外面总该有些什么东西在吸引它吧?

我注意到外面有一只黑色的公猫,夜晚常在我家的前后窗下转悠,以它的声音和气息邀唤着屋里的母猫。我妻子说那是爱情,当然有吸引力了。我倒以为说那是同类亲情更对景,因为大冷天猫们并不发情。我相信即便在外面邀它的是另一只母猫,我家的这只也很乐意出去会会的。就算有主人宠着,猫在这个家中也是极孤独的。它和它的同类之间有天然的联系,一只陌生猫也让它感到比主人更亲密,尽管相会到一处猫们又总是打架,且打得很凶,彼此都屡屡受伤。但那是它们之间的事,它们自己能摆平。每回猫带伤回家,满不在乎,而且讨厌我察看它的伤情,那样子很像是说:我愿意,不关你的事!

向往与别的猫相会相聚, 这其实也是猫们的尚未因家养而泯灭的野性的一部分。比起狗来,我更喜欢猫,正是因为猫不可能让人彻底驯化,不像狗那样对我们俯首帖耳,唯命是从。猫比狗自尊多了。想想它的堂兄弟狮子和老虎吧!猫也比狗更守得住它的自然野性。“野”是我们对它的说法,这个话若让猫自己来说,就叫作自由了。野性的表现之一是同类亲情超过了与主人的联系,另一个表现便是对限制它的人类环境的挣脱。说实在的,猫并不认同我的这个家,它更愿意将这间房子看作餐馆和旅店。它哪里有家呢?它是寄居在我这里的。满满一屋子家什,它只有一只饭盒罢了。要挣脱这个囚笼般的家室,它没啥舍不得的。

猫还肯定嫌我家太小,从这屋蹿到那屋的距离太短,太局促,跑不开,每每做追猎演习——它每天必做这功课,那冲刺动作都不得不半截儿刹住,肯定让它很憋气。连我看看也气闷。而在户外,天地广阔,跑呀跳呀,可以说它痛快得无边无际……

外面寒冷,外面没有食物,外面危机重重。但外面有它向往的爱情和自由。外面才让它更像一只猫。

等我弄明白猫为何大冷天还往外跑,我同时也明白,我这是同常识观念冲突上了。我们一向信奉的常识是说,猫呀狗呀,总之是人以外一切动物,都是温饱至上,食性为本的。我们用“畜生”这个字眼骂人,先是把畜生骂了。先是有了对畜生的蔑视。也不妨说我们的唯物论的常识生物学整个儿就是预设在这份蔑视上的。无论有意无意,我们总是在某个已经掉了份降了格的层面上谈论猫狗的,尽管我们自己也不清高,许多时候还比猫狗更看重温饱,更在乎待遇。

我们那套常识,实在就是人眼看猫。

猫,自我感觉中的猫,并不蝇营狗苟于温饱。不必念念不忘,也不会贪得无厌。没听说有哪只猫因吃得太多,需要节食减肥的。更像猫的猫,倒是更在乎它那份野性自由的惬意。譬如我家的这只,到我写这段话时它已经三天没回家来温饱温饱了。我不知道世界上有多少只猫像这样行事,舍得拿三两天的温饱换三两天的自由。但我敢说,如果有哪只猫舍不得这么做,那也必是当主人的把它娇惯成那样的,是由醉心物质文明的人调养出来的离不开饭盆和沙发的猫。

人眼看猫,看到人造就的猫,然后通过蔑视猫来维护人的自尊。

与你共品

yu ni gong pin

猫为什么要逃离温饱的“家”而愿意到外面去受挨饿挨冻之苦呢?因为那里有属于它的天地。我们若是不以高高在上的“人”的眼光,来看待它,而是平等地设身处地来思考就会发现:这是一只值得尊敬的猫,它向往着自由,追求着尊严。

个性独悟

ge xing du wu

★《人眼看猫》这篇小品是遵循着什么思路写的?

★概括说明猫“野”的原因,从文章中筛选出主要信息。

★作者从猫悟出了怎样的道理,概括写出来。

会飞的花 / · · · 佚　名

在缤纷的世间万象中，生命以色彩为夸饰的最出色的，一曰花，二曰蝶。蝴蝶与色彩结下了不解之缘。正是生于斯，死于斯；它运载色彩，展示色彩，以全部生命，运动于色彩之中："一生踪迹，总在花深处。"(陈维崧《扑蝴蝶》)"才伴游蜂来小院，又随飞絮过东墙，长是为花忙。"(欧阳修《望江南》)甚至，生命通降，就与色彩相伴，杨万里在《道旁小憩观物化》中，以入微的观察，捕捉到了这一生命现象："蝴蝶新生未解飞，须卷粉湿睡花枝。"花与蝶浑然一体。花是静止的蝶，蝶是会飞的花。

那么，蝴蝶，飞翔的色彩，究竟有没有对色彩的识别能力呢？有的生物学家证明：作为低等动物，蝴蝶美丽的图案与色彩，只是一种自然体饰，一种呵护生命的颜色，是生命的客观效果，与主体"心理"无关。因为蝴蝶没有相应的视觉。但是，有的生物学家则又断言，蝴蝶肯定特别喜欢某种颜色。因为，根据他的考察，有一种蝴蝶在寻芳猎艳时，只找鲜红色的花朵，而对白色、黄色的花朵，则从不过问。我想，应该把这些夹缠不清的争论，留给生物学家，让他们去做铁面无情的实验去吧！从以情为本的审美的角度来看，这些色彩的小精灵，穿花觅朵，传粉吻蕊，如果不是出于心灵钟爱，情愫牵惹，而只是本能驱使，盲目冲撞，这实在令人难以接受，不仅大煞风景，简直充满了悲剧色彩。

诗人则不这样看待，请读王驾的《晴景》："雨前初见花间蕊，雨后兼无叶里花，蛱蝶飞来过墙去，应疑春色在邻家。"花在雨中零落，蛱蝶逾墙飞去，诗中流露着一种若有所失的惆怅情绪；这种感情之所以美好，因为这是对美的消逝的留恋，对美的迁移的愧惜。诗中的这只蝴蝶，在诗人眼中，显然是有情有义的。

一个“疑”字引发的遐想，隐藏着蝴蝶对“春色”的寻觅，是这等自觉和坚贞。诗人赋蝴蝶以情意，这是因为，我们愿意生活在温情的世界里，希望周围的一切都能知冷知热，通情达意。这，正是一切审美实践的最动人之处。

蝴蝶是色彩的富豪，这使我联想到它的贫穷的姐妹——飞蛾，色彩的赤贫者。蝴蝶与飞蛾这对姐妹，是从一个模子中拓印出来的正反两面。一面五色奇丽，一面灰暗无光。个中奥秘，被达尔文道破了：“黑夜无光，颜色是瞧不见的。因此，习惯于夜间生活的蛾类，总的来说，无疑地远不如蝶类打扮得那么花枝招展，蝶类是全部习惯于白昼活动的。”而同样是蝴蝶，也有区别：“雄蝶爱在太阳光里来来往往，背上沐浴着阳光，而雌蝶则惯于在阴暗的丛林里飞飞躲躲。”而蝴蝶翅膀的阳面，比起阴面来，尤为色彩斑斓。这一切，都在说明一个道理：生命呈现色彩，是为了点缀这个世界，就愈能增添生命的欢愉之感。而色彩，则是阳光的馈赠。飞光流彩，色彩只能在阳光下飞翔。“晓日成霞张锦翁”，黄庭坚的诗句，写出了东升朝日给世界带来的无比瑰丽的色彩，阳光织出了覆盖世界的色彩的锦缎。愿世界阳光灿烂，彩蝶纷飞，多一些色彩。愿生命在缤纷的色彩中，带着欢喜欣欣向荣。

与你共品

yu ni gong pin

本文以“会飞的花”喻蝶，并以此为题，甚是精妙。花与蝶都有缤纷的色彩，都是可爱的生命，花与蝶总是相伴相随，密不可分。正如文中所写，“花是静止的蝶，蝶是会飞的花”。以比喻入题，花蝶相映，情感浓郁，诗意盎然。

个性独悟

ge xing du wu

★仔细读文后，摘录两条与蝴蝶有关的知识。

★说说文中引用诗句的作用。
★说说第四段中作比较的作用。
★体会文中最后一句蕴含的感情。

鲮鱼和蝴蝶/· · · 佚 名

你是否知道鲮鱼和鲦鱼的习性？鲮鱼喜欢吃鲦鱼，鲦鱼总是躲避鲮鱼，有位生物学家曾经用这两种鱼做了一个实验。

实验者用玻璃板把一个水池隔成两半，把一条鲮鱼和一条鲦鱼分别放在玻璃隔板的两侧。开始时，鲮鱼渴望吃到鲦鱼，飞快地向鲦鱼发起进攻，可一次次都撞在玻璃隔板上，撞得晕头转向。撞了十几次之后，沮丧的鲮鱼失去了信心，不再向鲦鱼那边游去。更有趣的是，当实验者将玻璃隔板抽出来之后，鲮鱼也不再尝试去吃鲦鱼了！鲮鱼失去了吃掉鲦鱼的信心，放弃了本来已经可以达到目的的努力。

几天之后，鲦鱼因为得到生物学家供给的鱼料依然自由自在地在水中畅游，而鲮鱼却翻起雪白的肚皮漂浮在水面上死去了。

有一只美丽的蝴蝶，与上面的那条鲮鱼根本不同。

那是1977年，大卫·库茨明斯基正走在佐治亚州某个森林的小路上，出乎意料地遭到了一只蝴蝶的突然袭击！那只蝴蝶先是舞动优美的翅膀，在他的胸前做空中盘旋，企图阻止大卫的前行。当大卫向前迈进的时候，蝴蝶开始俯冲，用自己的头和身体，一次又一次竭尽全力地撞击他的胸膛。

只要大卫后退，蝴蝶的进攻也就停止；只要大卫试图前进，蝴蝶的进攻也就重新开始。这是为什么？

大卫退了几步，蝴蝶也栖息在地。经过他仔细观察，大卫明白了遭受袭击的原委。在大卫前行的路上，在发动进攻蝴蝶的栖息地，还有另一只蝴蝶，眼看已经奄奄一息了。发动进攻蝴蝶的翅膀一张一合,好像是给它煽风,显然是怕大卫前行时不注意踩死它。原来,蝴蝶向强大于自己上千万倍的行人发动不屈不挠的攻击,目的是要为它的伴侣多争取一些生命的宝贵时光。

……

鲮鱼和蝴蝶的故事,很能给人以启示。世界上很难出现百战百胜的常胜将军。困难是人生的教科书,逆境是磨炼人的重要学府。困难和逆境不会使人保持原样,或者使人变得高大,或者使人变得渺小。困难和逆境就像沉重的铁锤,粉碎着玻璃,锻炼着钢铁。哀莫大于心死。危险远不是真正的死亡,真正的死亡是丧失了生存的勇气,无论是幸运还是厄运,每个人都是自己灵魂的船长,都是自己命运的开拓者。命运给予我们的并不都是失望之酒,还有很多的希望之杯。成功不只是要战胜对手,更是要战胜自我。成功的一个秘诀,就是屡仆屡起、屡败屡战。

与你共品

yu ni gong pin

本文是一篇精美的议论文。文中叙述两个故事:第一个用鲮鱼消极等死的事例来印证"哀莫大于心死"的结论。第二个用蝴蝶拯救伴侣积极捍卫生命的尊严来印证成功的秘诀。从正反两方面事例引出一个深刻的哲理,成功的秘诀就是屡仆屡起,屡败屡战。

个性独悟

ge xing du wu

★如果要将这篇文章用空行隔开,分为两部分,这一空行的位置应在什么地方?

★试用四个短语来概括第一个故事的内容。

★试从第二个故事中找出一个既具有分说之妙,又具有对称之美的句式，抄在下面。

★最后一段告诉了我们一个成功的秘诀，试从课外阅读积累一些另外的写成功秘诀的警句，做成一张精美的卡片。

只因它特别忠厚 /··· 余秋雨

西班牙到处都是斗牛场，有的气势雄伟，有的古朴陈旧。我知道到了西班牙不看斗牛是一种遗憾，便几次随车队去斗牛场，结果都大门紧闭，一片冷清，怎么按电铃也没有反应，只能看场外那些著名斗牛士的雕塑。后来终于在一个场子门口问到一位工作人员，他说斗牛期刚刚过去。

我心中暗自庆幸，因为找到了不看的理由。

当然知道许多杰出的艺术作品取材于斗牛，有些我深深佩服的作家如海明威，对斗牛还深有研究；当然也知道这种生死游戏有一种原始美感，这种血腥舞蹈最能表现男性的风姿，但无论如何，我不喜欢斗牛。

万千动物中，牛从来不与人为敌，还勤勤恳恳地提供了最彻底的服务。在烈日炎炎的田畴中，挥汗如雨的农夫最怕正视耕牛的眼神，无限的委屈在那里忽闪成无限的驯服。不管是农业文明还是畜牧文明，人类都无法离开牛的劳苦，牛的陪伴，牛的侍候。牛累了多少年，直到最后还被人吃掉，这大概是世间最不公平的事。记得儿时在乡间看杀牛，牛被捆绑后默默地流出大滴眼泪，而这流泪的大眼睛我们平日又早就熟悉，于是一群孩子大喊大叫，挺身去阻拦杀牛人的手。当然最终被拦阻的不是杀牛人而是孩子,来阻拦的大人并不叱骂,也都在轻轻摇头。

长大了知道世间本有太多的残酷事,集中再多的善良也管不完人类自己,一时还轮不到牛。然而即便心肠已经变得那么硬也无法面对斗牛,因为它分明把人类平日眼开眼闭的忘恩负义,演变成了血淋淋的享受。

从驱使多年到一朝割食,便是眼开眼闭的忘恩负义,这且罢了,却又偏偏去激怒它、刺痛它、煽惑它,极力营造杀死它的借口。一切恶性场面都是谁设计、谁布置、谁安排的?牛知道什么,却要把生死搏斗的起因推到它头上,至少伪装成两边都有责任,似乎是疯狂的牛角逼得斗牛士不得不下手。

人的智力高,牛又不会申辩,在这种先天的不公平中即使产生了英雄也不会是人,只能是牛。但是人却杀害了它还冒充英雄,世间英雄真该为此而提袖遮羞。

再退一步,杀就杀了吧,却又聚集起那么多人起哄,用阵阵呼喊来掩盖血腥阴谋。

有人辩解,说这是一种剥除了道义逻辑的生命力比赛,不该苛求。

要比赛生命力为什么不去找更为雄健的狮子老虎?专门与牛过不去,只因它特别忠厚。

与你共品

yu ni gong pin

在很多涉及西班牙的文章中,都要出现“斗牛”这个词,而我们看到的大多是公牛的凶狠,斗士的勇敢,观众的狂热,只有秋雨先生这篇《只因它特别忠厚》与众不同。作者的观点是:“西班牙到处都是斗牛场”,而且“知道许多杰出的艺术作品取材于斗牛”,“但无论如何,我不喜欢斗牛”。

作者分几个层次谈论为什么“不喜欢斗牛”。先写“牛从来不与人为敌,还勤勤恳恳地提供了最彻底的服务”,“直到最后还被人吃掉,这大概是世间最不公平的事”。其次写这本来已很残忍无道的行为,“却又偏偏去激怒它、刺痛它、煽惑它,极力营造杀死它的借口”。最后写“杀就杀了吧，却又聚集起那么多人起哄，用阵阵呼喊来掩盖血腥阴谋”。通过这几个层次的渐进论说，把斗牛的残忍与无道揭示给读者，在文章的结尾，当有人辩解斗牛是“生命力比赛”时，作者用了一句不无黑色幽默意味的话：“要比赛生命力为什么不去找更为雄健的狮子老虎？专门与牛过不去”，归根结底，还是因为牛特别忠厚。

这篇议论小品，最显著的特点是论题集中，论说简劲。这不仅表现在一上来就直切主题，还表现在论说中。本文的另一个特点是对比鲜明，语言犀利。作者很善于把人与牛放在一种关系中去透视，对人的残忍和牛的忠厚也是用情感色彩截然相反的词对比使用的。论说中用递进的眼光，层层深入地去剖析问题。这些都是利用了鲜明的对比，把斗牛的荒谬性映衬出来。秋雨先生这篇小品用语机智而尖锐，流露出强烈的感情色彩，全文弥漫着浓郁的保护动物的精神。

个性独悟

ge xing du wu

★作者明明知道到了西班牙不看斗牛是莫大的遗憾，也知道自己深深地崇拜着的作家海明威对斗牛就深有研究，可为什么“不喜欢斗牛”，一直找借口不看呢？

★在作者看来，“这大概是世间最不公平的事”是指什么而言的？

★在作者看来，“斗牛”是一场很不公平的角斗，为什么呢？（用文中原话回答）

★鲁迅先生有一句诗写得很有名，其中就饱含了对牛的赞美，这句诗是什么？

作文链接

zuo wen lian jie

别了，飞翔 / · · · 梁经伟

中弹的一刹那，我的脚一阵痉挛，接着是撕心裂肺般的疼痛。我曾想过像老鹰那样坚强地再飞起来，但我只奋力地拍动了一下双翼，便失去了知觉。

恍惚中，我仿佛听到了人声，有粗鲁的，也有温柔的——

“多美的一只白天鹅！”

恍惚之间，我想起了这是一句似曾相识的话。

去年春天，同伴在阳光明媚的湖边踱着步。我呢，正对着春水梳理我的羽毛。

“多美的一只白天鹅！”

好动听的童音，像唱歌。我回头看见几个来春游的孩子。这时，他们正惊喜地瞪大眼睛望着我。我骄傲地张开双翼，在湖面低低地盘旋了几圈。

“多美的一只白天鹅！”

我醒来了，是雨水把我淋醒的。迷糊间见到湿淋淋的地面泛着冷冷的灯光，还有几张脸。

“嘿嘿，它的肉才美哩。”“先把它养肥。这么美的毛，可以让人看看。”

这几个人走了。一股腥臊味直刺我的鼻孔。霓虹灯在头顶上投下怪异的光。我打量着这个陌生的地方，我看到我的周围一片脏乱。腥臊来自我身边的一片黑压压的铁笼。啊，我认出来了，那是猫头鹰和孔雀，还有许多垂着头的小鸟，一个大笼子里还囚着一只硕大的鹿！砧板、血迹、杯盘、残骨……我明白了，这是人类的酒楼，我的刑场！

我竟出奇地冷静。我感到悲哀，并不因为我将要死去。面对旁边同类那呆滞的目光，我想，它们已失去了灵魂，只剩下一副将被人吃掉的皮囊。我悲哀，只因为我不能再飞翔。别了，我这一对漂亮的翅膀！别了，我飞翔的天地！

春天，我从南海之滨飞回来，飞到碧湖边，呷几口刚融化的雪水，滋润一下嗓子，然后去跟绿芽交谈；夏天，我飞入荫翳的树林，在阳光下起舞弄影，舞完了就到河塘里洗澡；秋天，我飞到山冈上，捡飘落的树叶花瓣，红的、绿的、紫的，来缝制漂亮的衣服；冬天，我向天空吻别，乘着北风到南方去度假。

别了，我自由飞翔的生命！别了，我那丛林里栖息的朋友，我无法抑制地思念你们。

你们还记得我们在芦苇丛中引吭高歌的情景吗？你们还记得我们为了一点小事而争吵的情景吗？你们还记得我累了你们带着我飞的情景吗？

“咣当”，粗暴的铁器碰撞声打断了我游走的神思。又一群人走了过来，他们在指指画画。之后，有人打开一个铁笼，从里面抓出一只大鸟，大鸟“叽——”地哀号着，凄厉得让我心惊。

我的又一位朋友要死了！只要一会儿，它的骨头便会从食客们带油渍的牙缝间抽出来，光光的，一条一条堆在狼藉的餐桌上，白得刺眼。

残酷啊！我不忍再想下去。

忽然，我感到有人来到我面前。睁眼一看，是一个孩子。他呼着白气睁大眼睛打量着我。哦，可爱的孩子，你不要说我美，不要。这句曾令我最骄傲的话现在却令我伤心。我的一身羽毛恐怕不到天亮便会被拔尽，便会撒落在雨地里，然后混着雨水和菜叶，被扫到阴沟里。

或许会有一两片沾着血的翎毛残留在地上，等明天的太阳升起来后，风会把它吹干，把它吹起。我的这片沾着血泛着光泽的翎毛就会飞到丛林、湖畔，把我的死告知我的朋友，让他们在风中为我致哀！

哦，飞吧，让我美丽的翎毛飞起来吧。飞回我可爱的故乡，融进那一片洁净的土地中吧。

【简 评】
jian ping

从中弹的那一时刻起，白天鹅的命运就已注定是被宰杀了。过去一年四季都在天空自由飞翔只能成为回忆，梦想再像鹰一样振翅高飞也化为泡影。在人类残酷行径的面前，所有的希望都将破灭。作者巧用拟人手法，以白天鹅临终前的所见所想，控诉了人类对环境犯下的滔天罪行，表达了对自由的向往。

被禁锢的蝴蝶 / · · · 张继洲

还记得去年我在校园里捕到一只蝴蝶。我把它放在眼镜盒里，打算带回家饲养。

到了家，我打开了眼镜盒。它以为就此可以摆脱束缚，重获新生，不料又落入了一个透明的牢笼——塑料袋里。

透明的牢笼！这也许比暗无天日的地牢还要可怕。在这里，"囚徒"可以清晰地看到外面的世界，而且仅仅隔着一层薄膜——却又无法出去，从而在心理上又多了一重折磨。

真的，它果然在里面奋力横冲直撞，却还是出不去。我动了恻隐之心；却又希望完成饲养计划，只得继续禁锢它。

它仍旧横冲直撞，黑漆似的眼睛凝望着牢笼外可望而不可即的天空。

以后的两天，它滴水未进，已经奄奄一息。父亲说："给它一点水吧，它只要吸水也能多活几天。"

我就敞开牢笼，滴了几滴水进去。它伸展开卷曲的吸管，源源不断地吸水，干瘪的腹部渐渐鼓胀起来，不久水就吸光了。我很诧异，直到现在，我还无法理解是什么力量让它吸入了比自身体积还大很多的水。

这时我又想放它出去。但当它几欲腾空而起之时，我又以迅雷不及掩耳之势扎紧了袋口。

此后我时常给它水，但它用的很少，很少。可是它每天又积蓄了极大的力量去冲破禁锢它的透明牢笼，去追寻曾经属于它的自由。

可就是因为如此，它撞断了自己的几条腿。我见状只好下定决心，再也不放它出去。我不想让它在没有野外生存能力的情况下，还要受烈日的炙烤。

第五天再来看它，它已经再也动不了了。但在那一刻，它仍旧凝望着牢笼外的那一片天空。

我不由得感到一种心灵的震撼——我仿佛想起，蝴蝶是最热爱自由的生命。它们本应该在广大无垠的天空中，翩翩地，和着《霓裳羽衣曲》轻舞飞扬的；但我却将它禁锢在透明的牢笼中，剥夺了它翩翩飞舞的自由！被我禁锢的不仅是一个躯体，还有一颗热爱自由的心灵。

蝴蝶死去了，它再也没有回到那一片属于它的自由天空。

我从此不再捉小动物养，为的是不再禁锢它们的心灵，还它们一片自由的天空。

文章自然流畅，感情真挚，不经意间捉住的一只蝴蝶，却引发了小作者如此深沉的思考，小作者用心观察，通过比较，才知道蝴蝶被“禁锢”的可怕和“自由”的重要，从而深深感到自责与懊悔，从此以后便爱护动物，珍爱自由和生命，这便是本文的主题。

生命，如此的脆弱 / · · · 聂 施

小时候，便看过一些关于呵护生命的文章。然而，那时只是随意翻翻，也从没思考过其中的深意。直到那一天，我才明白生命是如此的脆弱，如此的需要呵护……

夏日的一个晚上，我走在回家的路上。星星在天上调皮地眨着眼，将天空装点得甚是华丽。月亮也不知怎么害羞了，悄悄地躲进云层里。夜，是如此静。突然，一只不甘寂寞的小生灵打破了这宁静，从我眼前一闪而过。啊！是一只萤火虫。我一阵惊喜。要知道，我以前可是从来没捉过萤火虫啊！只见那可爱的小生灵，停在了一片野草里，一闪一闪的。我用手轻轻一捉，哈，捉住了。我高兴极了，迈着较快的步子朝家走去。

回到家里，我欣喜地告诉爸爸妈妈：“看，我捉住了一只萤火虫。”他们听了，连忙摆摆手，说：“快把它放走，不然会在房间里乱爬的。”我刚想把它放走，又转念一想：为何不把它关起来，过几天再放走呢？再说，我好不容易才捉到了一只，就这样放走了？不行。于是，我偷偷地把萤火虫放进一个透明的塑料小罐中，又在盖上挖了几个小洞以便透气，然后再把小罐塞进了衣柜里。

第二天的清晨，为了保险起见，我又顺利地避开爸妈的注意，把萤火虫转移到了自己的抽屉里。去学校前，我看了看在罐中爬来爬去的萤火虫，不禁笑了笑。

上完早读回家，我又来到萤火虫身旁，想看看它那活泼的身影。然而，留给我的却是一阵失望。它一动不动，静静地躺在罐内，似乎已死去。我的心猛地一沉：不可能！我摇了摇罐子盼望着这不是真的，然而一切已无法挽回。失落？懊悔？惊讶？……心中的感情真的很难说清。它的生命太脆弱了，短短的时间内便悄然逝去。一个萤火虫的生命如此，那么其他的生命呢？为什么我以前没察觉到这一点呢？唉，生命啊生命……

试问，一堆刚刚生下的鸡蛋，会有几个小生命安全地破壳而出呢？一窝刚刚出生的雏鸟，又有几只能够顺利地长大直至展翅高飞呢？一些刚刚撒下的种子，又有几颗能探出头来享受阳光的温馨呢？还有……既然生命如此的脆弱，那么呵护生命、珍惜生命不正是我们不容忽视的问题吗？

小作者从一只不甘寂寞的小生灵——萤火虫被捉开始，想把它关几天再放走，哪知道在短短时间内便悄然而逝。真实地证明了善待生命是多么必要而迫切。须知，生命是平等的，每一个生命都是美丽而自由的，而且每一个生命都是生物链的一环，跟人类息息相关。

你想挽留它，却倏忽而逝

韵在骨子里的诗

生物卷

你想占有它，竟不辞而别

长大后，我才明白我用童心为自己编织了一个很美的童话。那些埋在土里的树叶，却已经在我心中长成了一棵大树，成为我生命的一根支柱，替我遮挡着成长路上越来越多的风风雨雨，为我撑起一片蔚蓝的天空。那件事，我会为之自豪一辈子……

种一片树叶吧，你定会拥有一棵参天大树。

蝙蝠/···舒婷

上苍还没来得及吞没最后一抹晚霞，蝙蝠就飞出了矮矮的屋檐。它们在薄明的半空中无声地飞掠着，不停地打圈子，是不是在大地上丢失了什么？

设若是惋惜光明即将逝去，在最后的夕照中摄取可贵的余晖，那么这光明的虔诚追求者，何以在太阳下消踪潜迹呢？

设若为黑暗即将统治大地，在夜幕低垂之前狂欢，那么何以这个黑暗的痴情崇拜者，在万籁俱寂的深夜里不知去向？

这神秘的精灵，这挠人的尤物，冥冥中飞行，永远以超音频的震颤带来历史渊深处的密码和哪一个世界的神谕？

我每每于黄昏里，谛听这群黑色的歌声。

在屋檐与屋檐之间，在树梢与树梢之间，在天线与天线乱麻样的线谱上，滑转成一弧弯弯的凄厉；纷纷扬扬，十朵百朵跳动的火焰，集结成一阵阵恐怖的嘹亮；奔突，升腾，俯降，冲刺，在最高潮处，留下一串长长的磷光闪烁的幽怨。

心灵的蜂房便开始感应出嘤嘤之音。

一组黑管，一排小号，一列长笛，相互交织着，穿梭着，和鸣着，从盲目骚动的汪流中梳理出淡淡的温馨？急切飞转的漩涡，在三角帆的拂翼下，熨出了极为平和的微笑？

蜂房畅然洞开，血液中有股莫名的大潮。但，这黑色的旋律很快却戛然而止——被哪一只神奇的手轻轻抹掉。

鱼骨翅的天线网一片空旷。

对面花园那一排小叶桉，千万片银亮的叶子竟于这无声的静寂里轻轻啜泣起来,我分明听见——一种低抑的虫鸣,连同墙角那边一丛丛挺伸的夹竹桃簌簌落下几枚嫩蕾。

没有风,没有。依然一片死寂。

我努力相信这群黑色的幽灵,是从伯格尼的G弦上钻了出来,从德彪西的bF小调逃了出来,穿过穹远的时空,偶然到这里聚会。

你想挽留它,却倏然而逝。

你想占有它,竟不辞而别。

你只能于冥想中,体验那一刹那的感动。

人的灵魂能够与大自然的使者聚合,并不多见。我庆幸有那么几次。

与你共品

yu ni gong pin

本文作者舒婷,当代著名文学家,新时期"朦胧诗派"代表诗人,现任福建省文联副主席。代表作有诗集《双桅船》《会唱歌的鸢尾花》《始祖鸟》等,散文集《心烟》《秋天的情绪》等。

本文是一篇散文,作者借蝙蝠的鸣叫描绘了令人心动的图景,抒发了自己的心灵与大自然交融一体的瞬间感动与兴奋,虽然这感动、这兴奋是那样短暂而神奇,可当它即将逝去的时候,也流露出一丝淡淡的悲伤。

全文语言含蓄而有韵味,朦胧而有诗意。阅读时,要仔细品味字里行间中表达的思想感情。

个性独悟

ge xing du wu

★从生物学的角度,文章哪一句点出了蝙蝠飞行的特点?

★文章结尾写道:"人的灵魂能够与大自然的使者聚合，并不多见。我庆幸有那么几次",这句话中的"几次"在文章中是怎样表现的呢?(用文中的话来回答)

★十、十一、十二段作者描写了一幅怎样的图景,作者写此景的目的是什么?十三段表达作者怎样的思想感情?

★十三段中两个动词"钻"和"逃"用得非常形象,好在哪里?

快乐阅读

kuai le yue du

空山鸟语/···郭 枫

到山上来,我最喜欢的事就是听鸟叫。

当然,山上有的是娇艳的花、婆娑的树,有的是奇崛的岩石、爽飒的风、飘逸的云朵;在山上,每一片风景,都会使你神迷。但,我说我还是最喜欢听山里的鸟叫。到山里来,找一片幽深的林子躺下,静静地躺在铺着落叶的土地上,这时你的心灵便贴紧了山的心灵,别动也别想,好好地听一听鸟叫吧!

鸟儿的鸣声是世间最美的语言,你不懂得鸟的语言吗?

你不懂鸟的语言吗?我想你应该懂的。在山上,谁都喜欢鸟的鸣叫,谁都懂得鸟的语言;谁都懂,清风懂,白云懂,流泉更懂,连挂在树枝上晒太阳的小花蛇也懂。鸟的语言永远叙述着动人的爱情。

在朝来金色的阳光里,我喜欢用大半天时间,去谛听两只鸟在我头顶上鸣叫。他们总是用五个不同的音符串成一支歌。一只先唱,另一只接着,缠缠绵绵,重重复复,透明的情意,像滑滴在青石上的一线灵泉从歌声里迸落。我在小时候就很熟悉这种鸟,绿背黄纹有一只小巧的红喙。我喜欢它们灵活的体态,更喜欢它们的样子,依偎着、厮磨着,总是分不开啊!那时我不知道它的名字,现在仍然不知道,它究竟是哪种鸟呢?想着想着,自己却不禁失笑了。真是太傻!名字有什么用?人们喜欢各种好听的名字,鸟不一定喜欢,鸟喜欢唱的歌,人不一定能听懂;其实人爱不爱听都是一样,鸟是唱给鸟听的。

山雀是顽皮的精灵,老是成群结队地撒野,老是呼朋唤友,兴奋地吵闹。山雀们短促而嘹亮的鸣声,让人来不及凝神,只感到一阵轻快的音乐雨,散乱地、急骤地漫天撒来,直把你全身淋透;而后,雨过天晴,在你荫翳的心版上引进阳光,在你灰白的生命里加上色彩,把你浸于奔放的欢乐而又有些淡淡的悒郁里。不是吗?谁,面对着山雀子这么奢侈的自由、这么天真的喜乐能不怅然呢?谁,没有山雀子一样的欢乐时光呢?可是,少年的好时光,总是流逝得太快又太恍惚,谁又能永远能像山雀子那样的欢乐呢?想想看,人,制造出自己的桎梏,把自己套牢,乃是自然中最可悲的族类啊!但山雀们却不管这些,不管你快乐不快乐,不管你忧伤不忧伤,不管你有多少无聊的思想,山雀们,什么都不管;它们飞翔像一阵旋风卷起,它们落下像一片云彩罩地,嗳!为了欢乐,它们是忙碌的。难得的是有这片深山广林,要不,这些喜欢唱歌的精灵向何处容身?

过午之后,山林便到了入睡的时刻,高照在千山之外的秋阳,晚脆的光线竟灵宝得如同饮醉了的月华:透着微醺,透着温柔,敛起那份耀眼的光彩?任凭幽谷深林去制造秋日的奥秘了。山林睡了,鸟儿们静默了。路一坡金黄的落叶,路一地斑驳的树影,也踏着一份薄薄的寂寞。在众鸟默默之中,"咕——咕——",从哪里传来的几声鹧鸪呢?忽断、忽续、忽近、忽远,那缥缈的鸣声,竟有些不可捉摸了。真的是鹧鸪吗?在台湾很少听到鹧鸪呢!鹧鸪该是鸟中的诗人,不,或者便是诗人的化身吧!就那缥缈的几声,便会把人拉回到一个古老的世界。"咕——咕——",我回到了江南。"咕——咕——"我沐着淡烟疏雨。石头城的苔痕,更加暗绿了哪!长檐飞角的小街,更加寂寥了哪!江畔的落日更苍凉了哪!"咕——咕——",奔驰在石板路上嘚嘚的马蹄声突然隐去了。这是梦境,呵!这是在海角孤岛上奇幻的梦境。——是的,我知道这是梦,可是我多么喜欢重温!

到山上来,且闭起眼睛,不要再浏览风景,好好地听一听鸟叫吧!鸟儿们用一百种声调在欢唱,仙乐飘飘,回荡在峰峦间,流淌在洞谷间。你不是从这美妙的清音中,已经听到自然的消息和人世的沧桑了吗?那么,除了敞开自己的心灵，还要做些什么呢？

还要做些什么呢？

我想做一只鸟，在山中。

与你共品

yu ni gong pin

文中写了三种鸟——不知名的鸟、山雀、鹧鸪，分别赋予了它们爱之精灵、自由之精灵、寻梦之精灵的意蕴。文章构思缜密，层次清楚，从头至尾流贯着作者沉郁的思乡之情。

个性独悟

ge xing du wu

★本文构思缜密，层次清楚，请给文章分层，用“‖”在原文中标出并写出层意。

★第七段中，作者调动了多种感官，运用了多种修辞，真切地描绘了自己感觉中的自然世界。请简要说说哪几种感官？哪几种修辞？

★本文写了三种鸟——不知名的鸟、山雀、鹧鸪，分别赋予它们什么不同的意蕴？

★本文从头至尾流贯着沉郁的思乡之情。试做分析。

燕　子／···柯　兰

一对黑色的燕子,撞在我的玻璃窗上。我连忙把窗子打开,这一对小客人,却又忽然不见了。窗外是一片绿色的春天……

我在窗口等着。等待这春天的使者,这幸福的使者。我的心也在发芽。也像迎着春风的嫩叶,在枝头上无穷地眺望。

燕子终于又回来了。衔着泥草,忙忙碌碌地飞来飞去,在我的房角上,造起一只白色的小房子。一会儿,它们又出去了,又回来了,并且吱吱地叫着,仿佛它们在这新地方,发现了工场,找到了工作,在向我报告它们的快乐……

接着,它们又出去了。不知道从什么地方,衔来了一条又肥又绿的虫子,它们就饱饱地吃了一顿……

吃完了,它们在窗外唱了一会儿歌,又到它们的工场去了。这中间也回来过一两次,不是衔着泥沙,就是衔着树枝……

燕子,燕子,我知道你是在劳动中,才变得如此矫捷的！也知道你是在劳动中,吸取了太阳的光亮,才使你黑色的羽毛变得如此闪亮。甚至你那火红的嘴唇,也是涂上了太阳的颜色,才变得如此艳丽的！呵,你这春天的使者,劳动的使者呵！……

燕子是春天的使者,是勤劳的象征。作者用诗一般的语言,表达

了自己对燕子的崇敬。阅读此文，不难窥出作者对春天的渴望和对劳动的赞美之情。

个性独悟
ge xing du wu

★“我的心也在发芽，也像迎着春风的嫩叶，在枝头上无穷地眺望。”揣摩这句话。

★文中的“燕子”是怎样的一个形象？

★归纳这篇短文的中心思想。

快乐阅读
kuai le yue du

白　鹭／· · · 郭沫若

白鹭是一首精巧的诗。

色素的配合，身段的大小，一切都很适宜。

白鹤太大而嫌生硬，即如粉红的朱鹭和灰色的苍鹭，也觉得大了一些，而且太不寻常了。

然而白鹭却因为它的常见，而被人忘却了它的美。

那雪白的羽毛，那全身的流线型的结构，那铁色的长嘴，那青色的脚，增之一分则嫌长，减之一分则嫌短，素之一分则嫌白，黛之一分则嫌黑。

在清水田里时有一只两只站着钓鱼，整个的田便成了一幅嵌在琉璃框里的画面。田的大小好像是有心人为白鹭设计出的镜匣。

晴天的清晨每每看见它孤独地站在小树的绝顶，看来像是不安稳，而它却很悠然。这是别的鸟很难表现的一种嗜好。人们说它是在望哨，可它真是在望哨吗?

黄昏的空中偶见白鹭的低飞，更是乡居生活中的一种恩惠。那是清澄的形象化，而且具有了生命了。

或许有人会感到美中的不足，白鹭不会唱歌。但是白鹭的本身不就是一首很优美的歌吗?——不，歌未免太铿锵了。

白鹭实在是一首诗，一首韵在骨子里的散文诗。

与你共品

yu ni gong pin

"真正的作品是充满着诗意的，就像苹果饱含着果汁一样。"(巴乌斯托夫斯基语)在诗人眼里，"一切景语都是情语"。诗人以充沛的激情与浓重的主观色彩感受万物，诗人以诗心从寻常中发现不寻常的诗意，一草一木，一虫一鸟，莫不是诗。白鹭，这一平凡的鸟，经过诗人巧妙的联想、丰富的想象及对比手法的运用，却成了一首绝妙的诗，一首"韵在骨子里的散文诗"。

个性独悟

ge xing du wu

★本文的文眼是哪一句?

★"然而白鹭却因为它的常见，而被人忘却了它的美"一句，在结构上的作用是什么?

★"白鹭实在是一首诗，一首韵在骨子里的散文诗。"这句话是什么意思?

蜜蜂的赞美 / · · · 秦　牧

全世界的小虫儿，给人类赞美得最多的，大概要推蚂蚁、蝴蝶、蜘蛛、蚕、蜜蜂这几样东西了。

人们对于蜜蜂的赞美，尤其充满哲理的情趣。在思想史上、艺术史上，许许多多人都歌颂过蜜蜂。这不仅仅因为蜜蜂能够酿蜜，而且也由于：蜜蜂酿蜜的方法，给人以重要的启示。它能够博采，又能够提炼，终于，黄澄澄、香喷喷的蜜糖给酿造出来了。它的酿蜜可以说是一种卓越的创造。

蜜蜂采蜜时的辛勤，可以从这么一个有趣的统计里面看出来：一只蜜蜂要酿造一公斤蜂蜜，必须在一百万朵花上采集原料。假如蜜蜂采蜜的花丛同蜂房的距离平均是一公里半，那么，蜜蜂采一公斤蜜，就得飞上 45 万公里，差不多等于绕地球赤道飞行 11 圈。

看了这样的材料，尝过那味道浓郁的甜蜜，你怎能不对世界上这种神奇的小昆虫，感到由衷的赞美呢！

16 世纪英国著名的哲学家培根，讲了一个譬喻赞美过蜜蜂。他把盲目地堆集材料的求知识方式称作蚂蚁的方式；把主观的随意创造体系的方式叫作蜘蛛的方式，而“真正的哲学家，则是像蜜蜂一样。它们从花园和田野里面的花朵中采集材料，但是用它自己的一种力量来改变和消化这种材料”。几百年的时间像流水一样过去了，培根许许多多的话已经为人们所遗忘，但是他那句“知识就是力量”的警语，和这个有趣的譬喻却一直在各地广泛流传。

鲁迅先生在他的书简里面，也曾告诉一个青年人说：“必须如蜜蜂一样，采过许多花，这才能酿出蜜来，倘若叮在一处，所得就非常有限……”郭沫若同志也曾经以蜜蜂采花作为譬喻，来说明艺术真实和生活真实的关系，以及它们之间的异同。

蜜蜂,这小小的昆虫,人们献给它多少赞美之词!它那种酿蜜方式,使人想起了一切成功的学习、工作的经验。

由于广泛地吸收,来源就丰富了。

由于接受每一朵花中最甜美的东西,而不是杂乱地搬取,材料就比较上乘了。

由于搜集来的东西是经过自己的重新酿造, 蜂蜜就比一般鲜花的甜汁要甜美和精粹得多。虽然人们还可以从蜜糖的色泽和味道上分辨它们究竟是橙花蜜、荔枝蜜、枣子蜜或者是苜蓿蜜,但是在蜜糖中已经再也看不到橙花、荔枝花、枣子花、苜蓿花的影子了。甚至作为花的甜液的那种状态也已经不见了。"蜜成花不见",它是经过蜜蜂的一番重新创造的。

多么令人称道的酿蜜方式,多么令人赞美的辛勤!

我们阅读许许多多艺术家的传记,在某些地方,可以发现他们是有共同之处的。他们都有较崇高的思想,在学习、工作上,他们都注意广泛求师,在博采诸家技艺之长以后,又别出心裁地发扬自己的独创性,并且锲而不舍地辛勤从事,在崇高思想的指导下,一步步创造出成绩来。就因为这种方式使人想起蜜蜂,那金黄色奇妙的昆虫才获得人们那样多的赞美。

不广泛地吸收,是谈不到博大精深的。一条大河总得容纳无数的小溪、小涧的流水,一座几千米的高山总得以一个高原作为它的基座。小小的水源,最多只能形成一个湖沼;荡荡平川,也不会有什么戴着冰雪帽子的高峰。

想着这些道理,蜜蜂的启示,不但对于前代的人们,不但对于学术工作,而且对于今后的人们,对于文艺工作和一切其他工作,恐怕也是永远有用的吧。因此,我们尽可把蜜蜂人格化,为它献上一顶桂冠。

与你共品

yu ni gong pin

从古至今,不知有多少文人墨客赞美过蜜蜂,因为蜜蜂勤劳,并且能酿出甜津津的蜜。本文作者除了对蜜蜂的这些赞美外,更重要的是蜜蜂酿蜜的方法给人的启示:博采、提炼、酿造。阅读本文,要仔细体会作者所表达的思想感情。

个性独悟

ge xing du wu

★第二自然段“在思想史上，艺术史上，许许多多人都歌颂过蜜蜂”的原因是什么？纵观全文，第二自然段哪一句话是文章的抒情线索？蜜蜂酿蜜给人的启示是什么？用第二自然段中的三个词语来概括。

★作者在第五自然段引用16世纪英国哲学家培根的话在文中的作用是什么？第六自然段引用鲁迅的话和郭沫若的譬喻要说明什么道理？

★第十三自然段在全文中的作用是什么？第十四自然段把蜜蜂酿蜜方式的启示拓展开去，其作用是什么？

★初中我们学过一篇赞美蜜蜂的文章，该文的题目和作者分别是：

作文链接

zuo wen lian jie

家乡的枯叶蝶 / · · · 杨　芳

我的家乡有多种稀有动物，特别引人注目的是天下名山峨眉山上的枯叶蝶。

从春到夏，在峨眉山伏虎寺的花枝间、草丛中，人们会看到一片片枯黄的“树叶”在随风飘舞。这种季节，哪有什么枯叶呢？当它飘落在低处的树枝上，人们想去捡起它时，它便会骤然飞起。呵，原来是一只酷似枯叶的蝴蝶，这就是枯叶蝶。峨眉山上的250多种蝴蝶中，枯叶蝶是最名贵的一种，也是我最喜欢的一种。

枯叶蝶姿态绮丽。它长3厘米，前双翅正面是青绒般的黑底，正面点缀着几个白色小斑，一条金黄色的曲边宽条横在前双翅中间，如同佩上一条绶带；双翅的外缘镶着波浪式的深褐色花边，十分逗人喜爱。当它停息在树枝上时，两翅竖立，收合在一起，遮盖着身躯，展示出翅膀背面。这时，可见它周身呈古铜色，色泽和形态都酷似一片枯叶。一条黄褐色的条纹，纵贯前后翅的中央，极像树叶的中脉，其他的翅膀又像是树叶的侧脉。翅上几个小黑点好似枯叶上的霉斑。后翅的末端拖着一条长"尾巴"，又像叶柄。我想这就是枯叶蝶之所以得名的缘故罢。

枯叶蝶很会逃避天敌。一旦发现"敌情"，它会立刻急速地飞落在树枝或草丛中，伪装成一片枯叶，静悄悄地躲藏在绿叶丛中，逃脱一次又一次的灾难。因而长期以来，它能够在峨眉山代代相传。

枯叶蝶具有重要的科研价值，目前它已被列入国家的保护动物之列。

枯叶蝶是家乡的骄傲，我爱家乡美丽的枯叶蝶。

本文描写名贵的枯叶蝶，在读者面前展示了它翅膀正反两面的有趣色泽和绮丽的花纹。读了本文，你会感到在昆虫王国里，真是无奇不有。同时，你也会对小作者工笔描绘写作对象的本领赞叹不已。

狗的趣谈 /···扈 艺

狗是有趣的动物，又是人们忠实的朋友。它的传闻逸事可真不少。我们常说"狗鼻子真灵"，此话不假。要是人能辨别大约八千种气味的话，狗就能辨别几百万种。狗的嗅觉强过人的嗅觉灵敏度一万倍。究其原因，嗅觉灵敏度不在于对气味的细微差别上，而在于嗅觉的强弱。于是，人们便以主人的姿态请这位老朋友来帮忙。警犬便是狗类中的佼佼者。

早在三千年前，埃及人就开始利用狗来看守有钱人家的坟墓。现在英国驯狗颇有成效，所用的多为德国牧狗，而魏玛拉内尔种用以嗅出爆炸物就首屈一指。警犬在搜寻爆炸物、毒品，发现煤气漏气和找出尸体，追回被盗物品等方面功效显著。

为了帮助寻找死于埃以战争中被埋在西奈沙漠的士兵尸体，联合国竟向英国借了六条警犬。它们时而躲过坦克，时而避开地雷，结果找到400多具尸体。有一具尸体甚至是在二米半的地下,而原先人们用现代化电子设备只找到了八具。警犬实在忠心可嘉,真应使它们的同类引以为豪。

此外,狗还可通过嗅案犯的气味迅速将罪犯暴露在光天化日之下。据法医鉴定、研究所统计表明,由三条狗依次来检验,便足以排除可能的错误。这恐怕连中国的"包青天"也只能望"狗"自叹不如。

在狗的大家族中,可谓"狗才"辈出。

其中豺狗号称"森林之王",威势竟然盖过狮子、老虎。它长得像豺,善于迅跑,当跟上目标以后,就像狼一样猛追,突然蹿上去用锐利的爪子直捣对方肛门,一下子掏出心、肺,"被猎物"当场便成为残忍的"森林之王"的佳肴。

有趣的是,一种称喇叭狗的,又名叫喧哗狗,顾名思义,是指这种狗爱闹事。它会起哄,追逐,狂吠,摇尾乞怜,莫非就是人们爱称的"狗来疯"?而人们又偏偏要冠以这么一个文质彬彬的名字,颇有幽默感。

北极因纽特人驯养的北极犬,曾是一种野生的狼,后来被驯服,用来拉雪橇,猎海豹、熊、驯鹿,是爱斯基摩人的忠实朋友。可是它在极度饥饿时,就会露出豺狼本性,对主人也会像对敌人一样。

玩赏犬类的成员也不少,有屈膝狗、狮子狗、绵狗等。这个家族的长老非屈膝狗莫属。尽管名字不雅,但它确乎以奇字著称。屈膝狗形状奇特,特别是它的膝关节始终曲着,跑着时如此,站着时也如此,有点像语言学家所说的"奴颜婢膝",但是埃及古代的纪念碑上都刻着它的形状呢!

这里,我们还有一个世界之最——一条无可名状的小狗。它出生在英国,由一位老太太喂养,是一种约克夏种狗。它十个月才长 8.9 厘米,重 283 克,估计成年时也不过 336 克。人们用一只手便能握住它,只露出头和尾巴,一双小眼睛可怜巴巴地瞪着你,真是小极了。它是真正的弱不禁风,老太太极少带着它散步,生怕它跟不上人们的步伐而被风吹跑。

有人说,狗是人类的忠实朋友,对人们可谓尽忠竭力。

影片《甲午风云》中的爱国海军将领邓世昌有两条爱犬,就是忠义的典型。当邓世昌的战舰被日舰击沉时,邓世昌决定随舰沉没,以死报国。他的两条爱犬见状即双双泅水用嘴拉住主人。但邓世昌决心已定,含泪推开爱犬沉入大海,以身殉职。爱犬悲鸣良久,也双双追随主人而去……这是狗类中的"义勇之士"。

影片《沉默的朋友》中的那一对狗,为使才两个月的女婴免遭毒手,历尽艰辛,与两个匪徒周旋,终于救了一家人。这是狗类中的"智勇之士"。

还有像《飞虎》中的"飞虎",《佐罗》中的"剑客"。中篇小说《那山,那人,那狗》,不也以一条催人泪下的老狗作为主角之一吗?可见,狗在作家、在人们心中是一个“英雄”,是一个可以信赖的“老朋友”,人们赋予它多好的艺术形象!

狗对人是如此“忠实”,而人对狗亦倍加爱护、关心。在法国,狗的待遇之好是超过人的。现在法国人养狗820万只,是欧洲之最,平均每两个家庭就有一条。仅巴黎一个地方就有40万只狗和550名兽医。狗有自己的罐头食品,每年消耗的食品数量远远超过保加利亚或葡萄牙全国居民的消费总量。不仅如此,还有专为狗开设的百货店,出售皮袄、毛衣、靴子、蝴蝶结、除臭剂和眼镜等等。将近一万人正忙于狗的买卖、喂养、照料、梳妆,人为它用心如此良苦,不知狗能否理解?

千百年来,狗与人为伍,致使它的同宗备受宠幸。但语言学家却对它待遇欠公,诸如“狗仗人势”“狗血喷头”“狗急跳墙”“狗眼看人”等贬义成语,难道狗与坏蛋同列?什么“狐朋狗友”,形容狼狈的狗“夹着尾巴逃跑”等等。若是狗类能进化到智能动物,真恐怕我要为它打抱不平了!

狗在科学技术突飞猛进的今天,将更加和人类友好相处,继续以忠义勇敢为人们所赞美。

用流畅自然的语言向人们介绍了狗的作用、种类及其与人的关系等内容,其中博引古今中外的材料。可见小作者为写此文查阅了大量的资料,使得文章内容丰富,读来别有一番情趣。对一个初中生来说,能写得如此好,实属不易。

我的小伙伴 / · · · 佚 名

去年夏天,舅舅送给我一只鸟——一只美丽的芙蓉鸟。从此,我有了一个有趣的小伙伴。

半年多来,我和我的小伙伴相处得可好了。每天清晨,我一起床,就把鸟笼挂到窗口，小鸟一见到我也特别高兴，因为它又有好东西吃了。鸟爱吃小米和菜叶子，但最爱吃的是油菜籽和芝麻，每天早上，我往食缸里加一些芝麻，它便跳到食缸上津津有味地吃起来，吃饱了，又跳到水缸上喝一些水，一面高兴地唱起歌来。有时芝麻加得少一些，它就会在我面前跳上跳下，朝我叽叽喳喳地叫个不停，好像在说："再给一点儿吧!"它真调皮，净想吃好的，而且吃芝麻还吐皮呢。别看它既没有手也没有牙齿，但却能一面吃一面把每颗芝麻外面的一层皮吐得干干净净。

太阳出来了，照在它黄澄澄的羽毛上，全身变得金灿灿的，简直像神话里的金翅鸟一样。在早晨清新的空气中，它高兴地叫起来，声音清脆悦耳，婉转动听，嘴下的羽毛一抖一抖的，尾巴还会不由自主地摆动起来。微风把它的羽毛吹乱了，它会用尖嘴去梳得又光又齐。有时它故意把头浸到水缸里，再一抖，把水珠洒在自己身上，弄得自己像个落汤鸡一样。头痒了，还会用脚去抓或在木杆子上碰，真惹人喜爱。

下午，我回到家里，常常打开收音机，让鸟听音乐，音乐一响，小鸟就叫了，大概是想和收音机比谁的声音好听吧。这时我就到另一间房间，专心地做作业，做了一会儿，感到疲倦时，我就看看小鸟和窗外的树木，有时给它换水，加些小米，这样，能使脑子得到适当的休息。

5点多钟，天渐渐地暗了，鸟也疲倦了，我就把鸟笼放到走廊里——因为那里比较暗。鸟睡觉的姿势也很特别，是把头插到翅膀里去，用一只脚来支撑身体，活像一只圆圆的小绒球，这些都是我从来没有看到过的。因为最近天气比较冷，我怕小鸟在走廊里太冷，就动手做了一间小房子，底下垫些棉花，想让它睡得暖和些，结果是白费了力气，一问人我才知道，芙蓉鸟是没有巢的。于是，在这几天睡觉前，我总是把鸟笼拿到暖和的房间里来。

在我们这幢房子里，楼上楼下，凡看到过这只小鸟的人都对它赞不绝口，我听了心里非常高兴，它确实是我的好伙伴。

养鸟丰富了我的生活，增长了我的知识，养鸟是非常有趣的!

【简 评】
jian ping

这篇作文主要讲的是芙蓉鸟的生活习性。小作者按一天的顺序，依次写了芙蓉鸟爱吃什么、怎么吃，它是什么样子，怎样叫，怎样活动，还有听音乐，还写了自己怎样照顾芙蓉鸟。这些内容都是紧紧围绕着“有趣的小伙伴”写的。

养鳗记事 /··· 李宇婧

“吱呀”一声，门开了，是爸爸赶海回来了。“婧，过来，给你看样东西。”爸爸神秘兮兮地说，从鼓鼓的手提包里掏出一个氧气袋来。

我急不可待地打开，见有两条细长的小鱼在游动。“这是珍稀的热带鱼吗？”“什么?”爸爸听了我的话，笑得把茶都喷出来了，“你呀，真是生在海滨不识鱼。这就是让家乡富起来、被人称作‘软黄金’的鳗鱼苗呀!”我听了爸爸的话，真是吃了一惊，想不到，这两条貌不惊人的小鱼，竟然是大名鼎鼎的、每尾价格高达十七八元的鳗鱼苗！我不禁仔细地观察起这两条小鱼来。它们身体呈半透明，只有缝被针般长；两颗黑宝石般的眼睛在纤细柔软的身体衬托下显得美丽非凡。它们在清澈的水里忽上忽下，仿佛像飘动的白丝带，好可爱的鱼儿！爸爸见我看得入神，笑着说：“你别看它们神气活现的样子，其实，这是两尾伤苗。你看，那个红色的斑点……”爸爸指着其中一条背部上的一个小红点说。呵，这小红点可真小，不仔细瞧还真看不出来呢。爸爸接着说：“这就是伤鱼的特征，我把它们带回来，就是想等它们养好伤后再把它们送到养鳗场去。”看着带着伤的小精灵在水中自由地游来游去的那可爱的样子，我决心要对它们倍加爱护。

鳗鱼是洄游鱼类，在海水里产仔，在淡水里长大。这两尾鳗苗自打出世就在海水里生长，如果现在就用淡水养，它们很快就会死去。所以，我在爸爸指导下精心配制盐水。虽然我每次都累得腰酸背痛，但是看着鳗鱼背上的小红点越来越淡，心里就有说不出的激动与欣慰。

雪花送来了冬的信息，凛冽的寒风吹在脸上像刀割似的，生疼生疼的。我穿上了厚厚的衣服，简直像只球，可依旧感到很冷。我去看我那心爱的小鳗鱼，发现它们的动作不如以前那样灵活了，像冻僵了似的。我可急坏了，人冷了可以穿衣服，鱼冷了该怎么办呢？

这时，我发现了在火炉旁呼呼大睡着的小猫。有了，不如也给小鱼加加热，这样它们不就暖和了吗？我一边往炉里加煤一边为我这个天才的想法而沾沾自喜。于是,我将鱼缸放在火炉旁,为了怕热气跑了,还特地在上面加了一个大锅盖。不一会儿,鱼儿开始游动了,越来越快。我洋洋得意地哼起了小调,心想,你们就尽情享受这爱的滋润吧。然后,我回到书房继续做作业。

不知不觉中一个多小时过去了,我的小鱼怎么样了?是不是正在水中跳舞呀?我赶到火炉旁,揭开锅盖一看,“我的鳗鱼!”我忍不住失声叫了起来。一条已经死亡,另一条也肚皮朝上,离咽气差不远了。我急得直跺脚,几个月来的努力就这样毁于一旦,伤心的泪顺着面颊流了下来。

爸爸不知什么时候已站在我身后,看到鳗鱼后,明白了一切。他严肃地对我说:“你以为这就是爱心吗?请记住——无知的爱与过度的爱都不是真正的爱。”我双手捧起死去的鳗鱼,默念着:逝去的小精灵呵,你们会听到我内心最真诚的忏悔吗?

看来做事光拥有爱心是远远不够的。爱,不能盲目,人与鱼之间尚且如此,人与人之间又何尝不是呢。

【简 评】

jian ping

本文选材新颖,立意高远。小作者独辟蹊径,选取养伤鳗鱼苗这一事例,引发出:“爱,不能盲目”,水到渠成,亲切自然。整篇文章描写生动、细腻,语言简练,对话精当,充分体现了爱的主题。

一只贝/···佚 名

一只贝,和别的贝一样,长年生活在海里。海水是咸的,又有着风浪的压力;嫩嫩的身子就藏在壳里。壳的样子很体面,涨潮的时候,总是高高地浮在潮的上头。有一次,它们被送到海岸,当海水又哗哗地落潮去了,却被永远地留在沙滩,再没有回去。蚂蚁、虫子立即围拢来,将他们的软肉啮掉,空剩着两个硬硬的壳。这壳上都曾经投影过太阳、月亮、星星,还有海上长虹的颜色,也都曾经显示过浪花、漩涡和潮峰起伏的形状；现在他们的生命结束了!这光洁的壳上还留着这色彩和线条。

孩子们在沙滩上玩耍，发现了好看的壳，捡起来，拿花丝线串着，系在脖颈上。人都在说，这孩子多么漂亮！这漂亮的贝壳!

但是，这只贝没有被孩子们捡起。它不漂亮，它在海里的时候，就是一只丑陋的贝。因为有一颗石子钻进了它的壳内，那是个十分硬的石子，无论如何不能挤碎它；又带着棱角；它只好受着内在的折磨。它的壳上越来越没有了颜色，没有了图案，它失去了做贝的荣誉；但它沉默着，它说不出来。

它被埋在沙里。海水又涨潮了；潮又退了；它还在沙滩上，壳已经破烂，很不完全了。

孩子们又来到沙滩上玩耍。他们玩腻了那些贝壳，又来寻找更漂亮的呢。又发现了这一只贝的两片瓦砾似的壳，用脚踢飞了。但是，同时在踢开的地方，发现了一颗闪光的东西，他们拿着去见大人。

“这是什么东西?”

“这是珍珠！嗨，多稀罕的一颗大珍珠！”

“珍珠?这是哪儿来的呢?”

“这是石子钻进贝里，贝用血和肉磨制成的。啊，那贝壳呢?这是一只可怜的贝，也是一只可敬的贝。”

孩子们重新去沙滩寻找它，但没有找到。

【简 评】

文章写了一只用自己的血肉之躯制造出绚丽夺目的珍珠的贝，它遭受了别的贝体验不到的磨难和痛苦。表达了作者对它的同情和敬佩。

世界上什么最美丽

杨·珊瑚·藕

生物卷

天、海、星星、山、雪花和树木

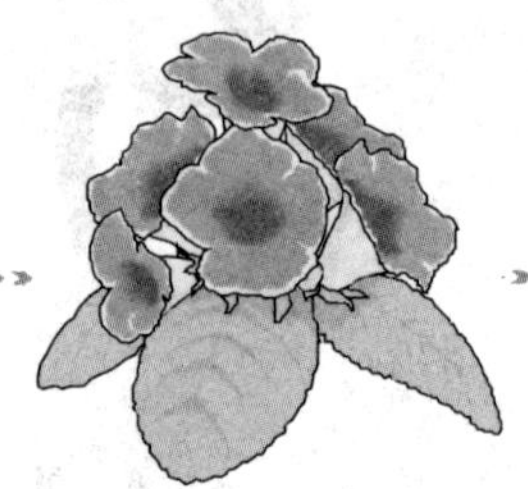

这株蝴蝶花可不仅仅只是活了下来，它在生长，完全遵守着应有的程序生长，应和着那在人类还很年轻时就已很古老的节奏和力量。而且它的生命还是从早已远去的冬季留下的枯叶里滋生出来的。这根茎的生命是不可扼杀的。我掩上土，用铲子拍拍它，告诉它耐心等着：春天会来的。

这是复活的季节。那些死去的，或看起来好像死去的，又重新获得了生命——僵直的枝条柔软起来；枯黄的大地绿意融融。这正体现了一个奇迹：世上没有死亡，只有永恒的生命……

枸　杞/···林　剑

我村的东山脚有一片枸杞林，是老辈子留下的。

每年仲春，那嫩叶便早早地抽出来，一丛一丛的，漫坡新绿，待淡紫的小花发出来，绿气就捧上了紫光，生机勃勃。秋季更是好看，绿叶下落，红红的一坡，状若纺锤的红色果实，拥拥挤挤，晶莹放亮。劲风一吹，果实下落，地上也就红了。被摔破的果实流出红浆，浆内裹着金灿灿的片状小粒，煞是好看，也很令人垂涎，但都没有吃它的，都说有毒，吃了肿脖子胀脸。只有城里中药铺的人有时来采一些，说是一味名贵中药，能治百病。

直到20世纪90年代初，才重新见到了枸杞子。那是到首都一家有名的大机关办事，见一位气度文雅的先生，手拿一只玻璃水杯，杯底下布着一层红彤彤的枸杞子。不是有毒吗？怎么能喝它的汤呢？我想问，又不好问。细一想，大概它的毒性不大，水一稀释就没事了。

后来，我又在港城的一些高官、老板的水杯内发现了枸杞子。很快，自由市场上有人高声叫卖了，我的同事、亲朋好友的水杯内也有了此物，问及原因，人家自豪地解释：此乃清肝明目、强胃健脾、滋阴补阳之上品，是现代文明的象征。于是，我也照着葫芦画起了瓢。我按照名人指点的程序，把红色浆果洗净，端端正正放于杯内，倒入80℃左右的开水焖了10分钟，就开始享受起来。喝第一口时，细细品味，只觉味苦性暖、爽口留香，不禁暗暗称奇：好东西，的确是好东西，过去为什么没发现呢？

也就时隔两三年吧，一次住进某大宾馆，早餐竟喝上了枸杞粥，10元钱一碗。在同事们的谆谆诱导与服务小姐的循循宣示下，我开始试探着进食枸杞粥，并首次咬一下枸杞子，只觉甜丝丝的挺可口，那金片似的小粒籽还格崩格崩地轻响着，真真是别有一番风味在心头。再低头看看桌面上的"枸杞粥说明"，就更玄了：根据中医药滋补论，将枸杞子移入食品中，产生了枸杞粥。该粥说明具有清肝明目、强胃健脾、滋阴补阳、去热解毒之功效……

看"说明"的一片人，喝粥的一片人，都是西装革履的。餐桌洁净、音乐低吟，着红旗袍的小姐往来其间，场景很文明的。

又隔了一段时间，我陪人到一个餐馆吃夜宵，进得门里，迎面的是一尊灯光牌坊，上书"药疗不如理疗，理疗不如食疗——本店隆重推出枸杞叶小笼包"几个大字。下面还有几行小字：枸杞叶小笼包采用鲜嫩的枸杞叶、虾仁、黑木耳精制的小笼包不但色鲜味美，另有清肝明目、强胃健脾、滋阴补阳、去热解毒、美容养颜之功效。

我们刚刚落座，服务小姐就推着餐车到来，车上座有众多直径半尺上下的小笼屉，每屉都盛着四个洁白如玉的菊花顶小包，热气腾腾，香味扑鼻，标价66元。我们每人要了一屉，尝一下，"味道好极了"，咂一咂，有淡淡的中药香。

这里的食客很多，小姐、少妇占去六成，情侣成对如胶似漆，挚友结伙侃天说地。有激情震荡者，吃着品着跳起了舞，品着吃着唱起了歌。

枸杞子真叫棒，看则秀美，食则强身，能不令人拍案叫绝，我服了，便到处为之唱赞歌，先说它的成长与美丽，再说它的食用和药用价值，后说它对人类文明的推进作用。言里语里，常常提到我村东山脚下老辈子留下的那坡枸杞林，也常常把自豪感、优越感展示其中。

一日，我出差路过家乡，便特意拐弯回村，欲看看那可爱的枸杞林，近得前来，禁不住一愣，那一丛一丛的枸杞咋没了呢？那绿中生紫、紫中吐红的枸杞林咋不见了呢？狐疑间，猛发现一个人在坡北头正起劲地挥镢刨着什么，上前一看，是在刨枸杞根，他说城里有人收购，价钱比枸杞子、枸杞叶高得多。

我愕然了。

与你共品

yu ni gong pin

本文以小见大，写出了人们生活水平的日益提高，以及经济头脑的长进。同时，也对农村的某些愚昧落后现象表现了由衷的悲哀。

个性独悟

ge xing du wu

★第二段从哪些方面描写了枸杞的美？

★“我”称赞枸杞的一个内容是“说它对人类文明的推进作用”，就全文看，说说这种推进作用是什么？

★用两个字概括家乡人“刨枸杞根”反映了他们思想上的什么毛病？

快乐阅读

kuai le yue du

藕和莼菜 / · · · 叶圣陶

与朋友喝酒，嚼着薄片的雪藕，忽然怀念起故乡来了。若在故乡，每当新秋的早晨，门前经过许多的乡人：男的紫赤的臂膊和小腿肌肉突起，躯干高大且挺直，使人起康健的感觉；女的往往裹着白地青花的头巾，虽然赤脚，却穿短短的夏布裙，躯干固然不及男的这样高，但是别有一种康健的美的风致；他们各挑着一副担子，盛着鲜嫩玉色的长节的藕。在藕的家乡的池塘里，在城外曲曲弯弯的小河边，他们把这些藕一濯再濯，所以这样洁白了。仿佛他们以为这是供人体味的商品的东西，这是清晨的图画里的重要题材，假若满涂污泥，便把人家欣赏的浑凝之感打破了;这是一件罪过的事情,他们不愿意担在身上,故而先把它们濯得这样洁白了,才挑进城里来。他们想要休息的时候,就把竹扁担横在地上,自己坐在上面,随便拣择担里过嫩的藕枪或是较老的藕朴,大口地嚼着解渴。过路的人便站住了,红衫的小姑娘拣一节,白发的老公公买两枝。清淡的甘美的滋味于是普遍于家家且人人了。这种情形, 差不多是平常的日课,直到要叶落秋深的时候。

在这里,藕这东西几乎是珍品了。大概也是从我们的故乡运来的,但是数量不多,自有那些伺候豪华公子硕腹巨贾的帮闲茶房们把大部分抢去了;其余的便要供在大一点的水果铺子里,位置在金山苹果吕宋香芒之间,专待善价而沽。至于挑着担子在街上卖的,也并不是没有,但不是瘦得像乞丐的臂腿,便涩得像未熟的柿子,实在无从欣羡。因此,除了仅有的一回,我们今年竟不曾吃过藕。

这仅有的一回不是买来吃的, 是邻居送给我们吃的。他们也不是自己买的,是从故乡来的亲戚带来的。这藕离开它的家乡大约有好些时候了,所以不复呈玉样的颜色,却满披着许多锈斑。削去皮的时候,刀锋过处,很不顺爽,切成了片,送入口里嚼着,颇有点儿甘味,但没有一种鲜嫩的感觉,而且似乎含了满口的渣,第二片就不想吃了。只有孩子很高兴,他把这许多片嚼完,居然有半点钟工夫不再作别种的要求。

因为想起藕,又联想到莼菜。在故乡的春天,几乎天天吃莼菜。它本来没有味道,味道全在于好的汤。但这样嫩绿的颜色与丰富的诗意,无味之味真足令人心醉呢。在每条街旁的小河里,石埠头总歇着一两条没篷船,满舱盛着莼菜,是从太湖里去捞来的。像这样地取求很方便,当然能得日餐一碗了。

而在这里又不然;非上馆子,就难以吃到这东西。我们当然不上馆子,偶然有一两回去扰朋友的酒席,恰又不是莼菜上市的时候,所以今年竟不曾吃过。直到最近,伯祥的杭州亲戚来了,送他几瓶装瓶的西湖莼菜,他送我一瓶,我才算也尝了新了。

向来不恋故乡的我,想到这里,觉得故乡可爱极了。我自己也不明白,为什么会起这么深浓的情绪?再一思索,实在很浅显的:因为在故乡有所恋,而所恋又唯在故乡有,便萦着系着,不能离舍了。譬如亲密的家人在那里,知心的朋友在那里,怎得不恋恋?怎得不怀念?但是仅仅为了爱故乡么?不是的,不过在故乡的几个人把我们牵着罢了。若无所牵,更何所恋?像我现在,偶然被藕与莼菜所牵,所以便怀念起故乡来了。

所恋在那里,那里就是我们的故乡了。

与你共品

yu ni gong pin

向来不恋故乡的我，因为嚼着雪藕，便恋起了故乡的藕和莼菜，便觉得故乡可爱极了。因为故乡有优美的风景画以及故乡淳朴的人，所以便对故乡有了浓浓的思恋之情。

个性独悟

ge xing du wu

★从文中各找一个词来概括故乡的藕、故乡的莼菜的特征。在文中作者用什么手法来表现藕、莼菜的特征的？

★“因为想起藕，又联想到莼菜。”这句话在文章的结构上所起的作用是什么？

★本文不仅写了藕，写了莼菜，而且还写了些别的东西。我们能感受到作者到底写了些什么呢？

★作者写作本文主要目的是什么？

快乐阅读

kuai le yue du

松与兰 /· · · 贾祥伦

在这所高校风景中，最亮丽的要算图书馆门口那两株雪松了。它们非常庄严地对峙着，像秉承着什么诺言。树干有五层楼高。它远看像片云，近看似把伞，蹲下瞅它，似同进入了一团绿色的梦境，这是两座绿色金字塔，两个高深莫测的哲学童话。

我每天都去看它，我崇尚它的凝重，“不管外界怎么样，我就这个样子的”。它使我想起西方一句谚语：台风的中心是稳定的。

人毕竟不是树，人还要遭受松树尝不到的折磨，尽管阳光是灿烂的，每日里大千世界不尽如人意的事还不少。每当此时，我便跑到树下，去看它的庄严凝重，它的无欲则刚的气概。看得久了，竟生出些连自己也感到莫名其妙的情感来，甚至连孰是我、孰是松都分不清了。

松树是圣哲。

在雪松前面，有10棵白玉兰，阳春三月，草木丰茂，百花吐艳，白玉兰昂首怒放，像10位亭亭玉立的仙女，一个个冰清玉洁，光彩照人。

爱拈花惹草的蜂蝶来了，绕着兰花翩翩起舞；凑景照相的来了，靠着兰树扭摆作态；拍摄电视的来了，对着兰花调试着焦距……

人们一下子冷落了两棵松树。

好景不长，一场春风，一场春雨，打得白玉兰花儿败了，白玉兰花十分可怜，像是被匆匆赶下台的演员，凄惨中带有一种落魄，水淋淋地向世界泣诉。

那雪松却显得更加苍翠与凝重。

这时，我忽地想起一首诗，这诗该是松树吟诵给白玉兰的：“春日春风有时好，春风春日有时恶，不得春风花不开，花开又被风吹落。”

又是春风春日把白玉兰打败了。它们还是涉世不深啊。白玉兰啜泣不语。

与你共品

yu ni gong pin

松树因其独有的形象、独有的精神，历来为人们所称道。泰山松的挺拔刚强的英雄形象，黄山松的坚毅顽强的生命力量，都曾感动过无数的骚人墨客。本文作者也赞赏感动他的两棵雪松。他欣赏雪松的美，这种美就表现在它们身上所呈现的睿智和理性色彩。

作者在松树身上找到了心灵的慰藉，精神的支柱，在不如意时，去看松树的庄严凝重，去领略松树无欲则刚的气概。松树所表现的是一种正派、大度、雍容、智慧的精神。

文章用比喻、对比、映衬的手法，突出雪松的形象意义，同时充分

展开联想，表现了松树的生命意义，表现了作者的人生追求。

个性独悟

ge xing du wu

★作者为什么要以“松与兰”为题？

★作者用“最亮丽”来写自己对图书馆门前两株雪松的感觉，其目的是什么？

★作者是怎样写“松”与“兰”的？文中引述了认为是由松树吟诵给白玉兰的一首诗，目的是什么？

樟树赞 /··· 茹志鹃

上海宋庆龄故居庭前有两棵树。

有一次，周恩来同志觉得那房子大了一点儿，就劝宋庆龄同志搬个家。她不肯，说：我舍不得这两棵树。

这是两棵樟树。

广东有种英雄树，它长得很高。如果在它周围有别的树木，它一定要长得比别的树高出一段，方才罢休。据说它的花大，它的花红。仔细想想，即使花红如血，花大如轮，长在那么高的树上，伸着脖子，仰着脑袋，欣赏起来，难保一定有趣。

樟树不高，特别是它的躯干。茂茂盛盛的倒是它的枝丫。生发开来的枝丫，长到一定程度，犹如小树干那么粗壮。粗粗壮壮的枝丫，从同一个母体躯干里生发开来，四面八方，伸得远远的，繁繁密密，阴凉特大。

这是两棵树阴很大的樟树。

别的树木，容易招虫，从同一棵石榴树上，就可以捉到三四种不同的虫：花花绿绿的；屈体前进的；以叶作伪装的；密密麻麻，不易发现的。它们自己寄生在树上，还在那里养儿育女，繁衍后代，并且教唆后代如何寄生。树蛀空了，它们也还不死，而且散开去，另去物色寄生体。

樟树不招虫。这个特点，在它作为树苗的时候，就表现得十分充分。别的树要喷洒药水，而它却不必。其奥秘也可能是到后来才发现，原来是在树的本身，树的内里，就有一种拒虫的气味。因为这是一种有益的气味，人们就称它为香气。更难得的是，樟树将这种拒虫的香气，永久保持，至死不变。这一点，恐怕世界上任何科学制作的化妆品，都难以做到的。即使当它枝枯叶谢的时候，当它已经作为木料的时候，它的香气也永远不变，永不消失。只要这木质存在一天，虫类就怕它一天。樟树的高就高在这里，贵也贵在这里。

上海宋庆龄故居的庭前，有两棵树。有两棵阴凉大、不招虫的樟树。

与你共品

yu ni gong pin

本文文题“樟树赞”，看是写树，实则是借树寓人，作者通过樟树来赞扬宋庆龄对祖国对人民充满了博大的爱，对恶人对丑恶进行了不屈不挠的斗争的精神。

文章在结构上首尾呼应，内容上含蓄地表达出文章的主旨。

个性独悟

ge xing du wu

★文章开篇写“宋庆龄故居前有两棵树”，她深爱樟树，因舍不得庭前的这两棵樟树而不愿搬家，结尾进一步写“上海宋庆龄故居的

庭前,有两棵树。有两棵阴凉大,不招虫的樟树”,其用意是什么?

★文中是如何描写樟树的形象的?(用原文语句回答)

★本文借树赞人,讴歌了宋庆龄怎样的品德和精神?

树的魅力 / · · · 佚　名

世界上什么最美丽?天、海、星星、山、雪花和树木。

最亲切的,随时可以看见,可以触摸,可以接受它的好意的荫庇,可以欣赏它的千姿百态,可以与它相对相悦相知,又可以与它相别相忘,从此各自东西再不相识的,是树。

树没有姿态,它只不过是生长着。它长得几个人抱不过围,它长得参天,但它并不能称雄,并不得意扬扬。当小鸟儿在它的枝头叽叽喳喳、跳来跳去的时候,鸟儿是那样的聪明、活泼、可爱,而傻大个子的树却自惭形秽,默默不语。

树没有表白。你给他挂一面牌子,是汉代的柏,是辽代的松,是重点保护的文物,是稀有品种,是经济作物、药用、特种工业用,是废物,是蘑菇的寄生体,是毒蛇的泪,全听命你的选取和你的评论。是因为它城府太深吗?

然而它从来没有防御。它把一切暴露在风里、雨里、热里、冷里、鸟里、虫里。即使它受到了虫蚁的蛀食,受到雷电的斩劈,受到砍伐燃烧,受到了恶言恶语,它仍然不动声色,它仍然是它自己。噢,当然,它的根、众多的根长在土里,长在黑暗的地下，痛苦地使着延伸和汲取的力气。然而它无意隐藏自己的根系。它献出来的只能是它能够献出来的自己最美的部分。你不需要知道它的根的深沉的努力。

它没有动作，却又摇曳不已。它没有允诺，却又生息有定，姿态有势，自我调节，不离不弃。它没有争夺，却又得到了大自然和人的一切赐予——包括诗人的诗和画家的笔，包括蝙蝠和枭鸟的栖息。

即使它被山火烧焦，即使它被巨斧腰斩，即使它被病毒麻痹，它的种子已经撒向四方，它的风格已经留下了深刻的印迹。不幸的结局也许只会增加它的魅力。

与你共品

yu ni gong pin

这是一篇托物言志的抒情散文。文章用朴实无华的语言，热情歌颂树的平凡、伟大。

个性独悟

ge xing du wu

★树的魅力是什么？

★本文的写作对象是树，第一段却列举了“海、天、星星、山、雪花”等等众多的事物，有什么作用？请用一个最简代数式表示出第二段句子的结构模式。它有什么特点？这个句子的表达效果是什么？

★这是一篇托物言志的散文，借树喻人是最重要的写作特色。作者把树的自然属性和人的精神品质有机地联系起来，用树的形象的不同侧面象征人的精神，使读者获得丰富的感受和深刻的教育。请具体说明。

★本文大量运用了排比修辞，其中有并列的句子成分的排比，有相同句式的排比，有段的排比，请列举出一例，并说出它们的作用。

珊瑚岛 / · · · 佚 名

在北京故宫中可以看到一些作为珍品陈列的珊瑚树，这是珊瑚虫用自己分泌出来的石灰质建造的“公寓”，珊瑚树上有许多小孔，每个小孔都曾经住过一个珊瑚虫，它们总是群居在一起，造成的“公寓”是固定在海底上的，有些像灌木，也有别的形状的。每当生出一个新的珊瑚虫，它们就会造出一个新的“房间”，在珊瑚树上就增加一个小孔，增高那么一点点，看起来很微小，但随着珊瑚虫不断繁衍，珊瑚树就像树木一样不断地长高了，并分出许多枝丫，蔓延很广。当珊瑚树长高到接近海面时，因为珊瑚虫只能在水中生存，这时就不再向上长，而是沿水平方向，像蘑菇一样四面铺开。万丈高楼平地起，珊瑚虫的“公寓”是固定在海底上的，因而珊瑚虫也不能自己移动，只能住在小“房间”里，伸出几根触须来等待自投罗网的食物。这种“守株待兔”的猎食方法，你也许觉得太笨，担心它会挨饿吧！但是，不必过虑，因为它们是“有饭大家吃”，在一个“公寓”中，所有的珊瑚虫都被一根管子连接起来，任何一个珊瑚虫获得了食物消化后，马上通过这根管子与大家共同享用食物的养料。一个珊瑚虫捕获食物的机会少，成千上万的珊瑚虫合作，捕获食物的机会就多了，因而保证了大家有足够的食物，得以生存繁殖下去。

珊瑚虫虽然是定居的，但是在发育到一定程度后，便停止生殖新的珊瑚虫，而变为产卵。卵被海水带到别的地方发育生长；建造起新的“公寓”，使海中形成密密的珊瑚“森林”。而“森林”的空隙，便成为其他许多海生动物栖息之所。

随着岁月的消逝，珊瑚虫不断死去，但“公寓”仍在。那些“森林”中的生物在死亡后也留下许多石灰质的硬壳、骨骼之类的碎屑，它们充填在密林的空隙中。不断新生出来的珊瑚虫又分泌出许多石灰质，把这些东西胶结起来，逐渐形成结实的礁石、岛屿。珊瑚礁形成的速度并不慢，在我国的西沙群岛上，曾观测到每年增长3毫米的记录。

风浪极力破坏珊瑚虫的工作，它把许多珊瑚打碎。但这并未能阻止造礁工作的进行，顽强生长的珊瑚虫不断补偿了海浪造成的破坏，而那些碎了的珊瑚也正好填充“森林”中的空隙，起了加固的作用。

与你共品

yu ni gong pin

文章的主旨是向人们介绍珊瑚岛，但文章首先却从北京故宫陈列的珊瑚树说起；然后自然写到珊瑚虫上。通过珊瑚虫生活习性的介绍、珊瑚树的形成，最后落笔在海洋中出现的珊瑚岛上。

文章篇幅虽短，却从一个纵深的角度向读者介绍清楚了海洋中的珊瑚岛。

个性独悟

ge xing du wu

★珊瑚树是怎样形成的？海中是怎样形成珊瑚森林的？

★为什么珊瑚树长高到接近海面时就不再向上长了？

白　杨/···袁　鹰

火车窗外是茫茫的大戈壁,没有山,没有水,也没有人烟。天和地的界限也并不那么分得清晰,都是浑黄一体。

从哪儿看得出列车在前进呢?

那就是沿着铁路线的一行白杨树,每隔几秒钟,从窗口就飞快地闪过一个高大秀拔的身影。

一位旅客正望着这些戈壁滩上的卫士出神。

"爸爸,"他的大孩子摇着他的腿,"你看那树多高!"

爸爸并没有从沉思中回过头来,倒是旁边的妹妹插嘴了:

"不,那不是树,那是大伞。"

"哪有这么大的伞?"

"你看它多直!"妹妹分辩着。

"它是树,不是伞!"哥哥肯定地说。

小小的争论,才把爸爸的思路引过来,他慢慢地抚摸孩子们的头。

"这不是伞,这是白杨树。"

哥哥还不满足:"为什么它这么直,长得这么大?"

爸爸的微笑停止了,换上了严肃的神色。他想了一会儿,就告诉儿子和小女儿:这白杨树从来就是这么直,这么高大。哪儿需要它,它很快就在那儿生根、发芽、长出枝干。不管遇到风沙还是雨雪,不管遭到干旱还是洪水,它总是那么直,那么坚强,不软弱,也不动摇。

爸爸只是在向孩子们介绍白杨树吗?不是的,他也在表白着自己的心。而这,孩子们现在还不能理解。

他们只晓得爸爸在新疆工作,是下放到那儿去的;妈妈也在新疆工作,也是下放到那儿去的。他们只晓得爸爸这回到奶奶这里来接他们,到新疆去念小学,将来再念中学。他们只晓得新疆是个很远很远的地方,坐几天火车,还要再坐几天汽车。

现在呢,孩子们多了一点儿知识:在通向新疆的路上,有许许多多白杨树。这儿需要它们,它们就在这儿生根了。而它们不管到哪里,总是那么直,那么高大。

爸爸一手搂着一个孩子,望着窗外闪过去的白杨树,又陷入沉思。突然,他的嘴角又浮起一些微笑,那是因为他看见在火车前进方向的右方,在一株高大的白杨树身边,几棵小树正迎着风沙成长起来。

与你共品

yu ni gong pin

本文作者借白杨来赞美那些扎根边疆,奉献青春的人们。表达了作者对边疆建设者们的崇敬之情。文章语言朴实无华,但寓意却非常深刻。

个性独悟

ge xing du wu

★《白杨》文中点明白杨象征意义的语句有哪些?请在原文中用横线划出。

★当妹妹和哥哥产生争论时,爸爸给孩子讲了一席话,这席话包含哪两层意思?

★最后一段中“在一株高大的白杨树身边,几棵小树正迎着风沙成长起来”这句话有什么深刻含义?

爬山虎的脚 / · · · 叶圣陶

学校操场北边墙上满是爬山虎。我家也有爬山虎,从小院的西墙爬上去,在房顶上占了一大片地方。

爬山虎刚长出来的叶子是嫩红色。不几天叶子长大,就变成嫩绿色。爬山虎在10月以前老是长茎长叶子。新叶子很小,嫩红色,不几天就变绿,不大引人注意。引人注意的是长大了的叶子,那些叶子绿得那么新鲜,看着非常舒服。那些叶子铺在墙上那么均匀,没有重叠起来的,也不留一点儿空隙。叶子一顺儿朝下,齐齐整整的,一阵风拂过,一墙的叶子就漾起波纹,好看得很。

以前我只知道这种植物叫爬山虎,可不知道它怎么能爬。今年我注意了,原来爬山虎有脚的,植物学上大概有另外的名字。动物才有脚,植物怎么会长脚呢?可是用处跟脚一样,管它叫脚想也无妨。

爬山虎的脚长在茎上。茎上长叶柄儿的地方,反面伸出枝状的六七根细丝,每根细丝像蜗牛的触角。细丝跟新叶子一样,也是嫩红色。这就是爬山虎的脚。

爬山虎的脚触着墙的时候,六七根细丝的头上就变成小圆片儿,扒住墙。细丝原先是直的,现在弯曲了,把爬山虎的嫩茎拉一把,使它紧贴在墙上。爬山虎就是这样一脚一脚地往上爬。如果你仔细看那些细小的脚,你会想起图画上蛟龙的爪子。

爬山虎的脚要是没触着墙,不几天就萎了,后来连痕迹也没有了,触着墙的,细丝和小圆片儿逐渐变成灰色。不要瞧不起那些灰色的脚,那些脚巴在墙上相当牢固,要是你的手指不费一点劲儿,休想拉下爬山虎的一根茎。

与你共品

yu ni gong pin

爬山虎本是常见的一种植物，作者却从爬山虎的脚着笔，通过具体的描摹，把爬山虎的脚的用途及其在爬山虎生长中的作用说明得清清楚楚。读罢此文使人顿感耳目一新。

个性独悟

ge xing du wu

★条理性是说明文的最大特点之一，读完本文，你知道它是按哪种说明顺序结构组织文章的：①以时间、过程为序；②以空间位置变化为序；③以科学内在联系为序。弄明白后参照这种说明顺序划分本文结构段落。

★读课文，找出运用作比较、打比方的句子。

作文链接

zuo wen lian jie

红 梅／· · · 沫 涛

红梅的绽放，总是在那寒冷的冬季。然而，一旦有了她们的出现，那个季节便不再冷淡。

火红，只是火红的一片海洋，熊熊地燃烧着，那么炽热让人不再寒冷，仿佛心也由此燃烧起来，激情的血液便在全身沸腾！

这是我第一次到A城梅苑，第一次踏访那里的红梅"火海"的感觉。

红梅，单朵地看，五个晶莹的瓣儿紧团着中心的一簇密蕊，只是觉得秀气，让人怜爱;整株地看似乎是壮大了一些,红色有一些突出了,但仍然不乏东方少女的娇羞——梅,总是秀气的。我一向这么认为。

但是,一朵一朵的梅花簇成一棵一棵,又由那一棵一棵的红梅聚成一片一片,再由那一片一片的红梅汹涌成无边无际的红梅之海时,你难道没有感觉到这种由小到大,如火一般的气势的壮大吗?那是怎样的一种翻江倒海、汹涌澎湃的气势呀!就是红梅那一朵朵秀气的小花,手拉着手,肩并着肩,微笑着,唱着海的歌,以那种纤巧而柔和的形式,慢慢地聚集。开始只是那么一两朵,一切都是那么平静地扩展着,伸张着。但当你再次不经意地看她们时你会被如此突然的巨变震惊,来不及细细体味,一股巨大的红潮已把你的心席卷其中。你会为其团结而感动,为其汹涌而感动,为其巨大而感动!

也许你认为这算不了什么,在夏天的颐和园,春天的昆明城,月季香郁,玫瑰浪漫……但是,请不要忘记,这是冬天,是在寒冷的雪天之中。多少香花、艳花能经受得起?即使有,那也只是在人工的温室中,头顶是厚厚的塑料,四周还是厚厚的塑料……花固然好看,但却被这种温室气氛压去了应有的气势,削弱了自然的美感。

只有红梅——红,那是血液之色,火焰之色,生命之色——在那本已被枯黄和白雪压迫的冬天里傲然挺立。

临走时,朋友见我如此钟爱红梅,便问我要不要折一枝留作纪念。我使劲地摇了摇头,告诉她,千万不要让任何一朵红梅脱离这片梅海,脱离这个集体。红梅的美,就在于那片有着火一般热情的海洋,那种能征服一切严寒的团结。

团结,产生于热情,产生于进取。而红梅正是这样一种植物,她生长于严冬,却让自己的生命灿烂如春。中国人,也正是这样一种人,他们生长在霜雪与逆境中,却能够取胜于团结与坚强。

【简 评】
jian ping

说起"梅",人们自然联想到其独傲霜雪的坚强品格,本文在此基础上,拓展了讴歌视角,以"红梅'火海'"来颂扬一种团结精神,令人耳目一新。

文章由赞美梅之"形",进而讴歌梅之"神",即在严冬中怒放的红梅所展现的精神与素质——坚强而团结;最后又将红梅精神与中华民族的性格自然地联系起来，使文章的思想境界得到升华。

金秋龙眼酿侨乡 / · · · 黄凯泓

如果我们家乡有人以“不要搓，自己圆；不要糖，自己甜”为谜面让一个外地客人猜谜时，他可能猜不出来是啥东西，但这个谜底对泉州人来说，真是家喻户晓，那就是：龙眼。

是啊，我们侨乡泉州人对龙眼太熟悉了。泉州是全国六大龙眼基地之一。屋前宅后，田头地脚，往往可以看见悄然伫立着的龙眼树。新门外的延陵、新步、过堀三个侨村，更是被幽幽的龙眼林海所淹没。金秋时节，当你漫步在夕阳西下的晋江溪畔，便可看见那成片的龙眼林果实累累，宛如万盏灯火，令人陶醉。

为什么泉州龙眼长得这么多？因为泉州邻近北回归线，所处纬度较低，且东临台湾海峡，西北倚九日山脉，形成了典型的亚热带季风性湿润气候，年平均气温较高，降水量丰富。这种气候，为龙眼这种亚热带经济作物的生长提供了得天独厚的条件。难怪龙眼在泉州落户已有一千多年，和泉州人民结下了不解之缘！

龙眼树是一种常绿乔木，也是亚热带的“长寿果树”之一。树干高达 5~6 丈，绿叶成荫，像把伞盖。龙眼的果实又称桂圆，形体滚圆，壳黄褐色，肉白色，味甘甜，肥厚且汁多，籽墨色。因此有人把龙眼形容为“圆若骊珠，赤若金丸，肉似玻璃，粒如黑漆”。龙眼的营养价值可高呢：果肉含蛋白质 3.95%，糖分 20%，每百克果肉中含维生素 C68.7~144.8 毫克，还有别的许多种人体所需物质。龙眼不但是人们喜爱的水果，而且有补心健胃、养血安神之功效，可用为治疗病后虚弱、贫血萎黄、神经衰弱、产后血亏等症。

正因为龙眼对人体有多种功效，我们南方人把它同东北的人参相比。100 多年来，勤劳智慧的泉州人民不断通过自己的实践去改造龙眼的品种，力求使之更可口可人。据统计，福建龙眼共有 235 个品种，绝大多数在泉州可以找到。泉州人引为自豪的“东壁龙眼”堪称龙眼中的珍异品种，果肉透明如凝脂，去壳之后，纸包不透湿，落地不粘沙，耐储存，制干效率高。因发源于泉州开元寺内的古东壁寺而得名，据说当时寺内和尚每天用供佛的茶水浇灌龙眼树，时间久了竟出此珍品。泉州清源山下的肖厝村，有一株占地半亩，树龄已有 300 多年

的古“龙眼”神被称为“龙眼王”，至今仍长得浓绿健壮，一派生机，最高年产达4700多斤。此外，泉州的“虎眼”“鸟眼”“雏眼”等品种也驰名国内外。

今天，当我们在津津有味地品尝这沁人心脾的鲜果时，怎能不感激我们的先辈为造福子孙后代而付出的艰辛？历代封建帝王、官僚侯爵为了满足自己的奢华，不顾人民死活，千方百计掠夺劳动人民用血汗培育出来的新鲜龙眼。唐代杨贵妃最爱吃荔枝和龙眼，唐明皇为了宠幸杨贵妃，派人兼程飞骑从南方运往长安，以致许多百姓无辜惨遭坑害。这其中一定有家乡人民的斑斑血泪！

自从改革开放以来，泉州的龙眼生长蒸蒸日上，不但能满足家乡人民的生活需要，而且成为我市的重要出口产品，在国际市场上供不应求。例如这里精制的龙眼罐头、龙眼干、桂圆肉等，销售量和出口量都很大，每年为国家换取大量外汇。龙眼作为馈赠亲友的佳品，也为促进家乡人民与海外赤子友好往来做出了贡献。龙眼真是侨乡人民的瑰宝。

不要搓，自己圆；不要糖，自己甜！

朋友，你若有机会来泉州，我一定先教你唱这首儿歌，然后请你品尝龙眼鲜果！可别错过了金秋时节！

文章用谜语引出说明对象，新颖生动。详细介绍龙眼的种植情况，依次说明其生长环境、果实、营养价值、品种、生产加工等情况，层层展开，富有条理性。准确的说明、生动的描写、加上浓郁的抒情和精当的议论，读来感人至深。全文内容丰富，手法多样，说明性、文艺性、哲理性融于一体，读来让人回味无穷。

黄 瓜/···刘 敏

在盛夏的饭桌上，倘若出现一盘翠绿的凉拌黄瓜，一定会使你暑气顿消，食欲大增的。

黄瓜，又名“胡瓜”，属葫芦科一年生草本植物，原产于印度热带潮湿地区，唐代传入我国广东云南等地。现在，由于科技工作者的辛勤努力，即使在千里雪飘的东北，利用温室栽培技术，在寒冷的冬天也能吃到新鲜的黄瓜了。

黄瓜的茎又细又软，是蔓生的，当黄瓜长到一尺左右时，需要给它扎上架子，以便让它攀缘而上，架子的高度在一尺至三尺间为宜。

黄瓜，五角形的心状叶片，薄薄的；叶的面积很大，上面有一层白白的“绒毛”——有加强蒸腾的作用。用手摸它的叶子，有一种粗糙的感觉，叶脉呈网状，颜色有浓绿和黄绿两种。

黄瓜的花是雌雄同株。雌花后面有个小小的筒形子房。翠绿的小黄瓜顶着一朵黄黄的花帽，漂亮极了。雄花仅有花没有幼果，一株黄瓜秧上，黄莹莹的小花，像星星点缀在碧蓝的天上，远远望去给人一种恬静的美感。花总是雄的多于雌的，这样就保证了授粉的完成，为黄瓜多结果、结好果打下了基础。

黄瓜的果实呈筒形或柱形，未成熟时为绿色，身上布满层层芒针，成熟后芒针脱落，显得光滑整洁，老的时候颜色变黄，种子变大。曾有一条谜语说：“小时是条虫虫，穿着绿裙子，浑身长刺儿，顶着黄花帽，老来儿女心中装。”形容黄瓜果实的生长过程，比较恰当。

黄瓜可分春、夏、秋三季播种(露体播种)，春黄瓜最迟不得晚于 3 月 15 日播种，否则，会出现只长蔓、不结瓜的现象；夏、秋黄瓜一般从 6 月中旬到 7 月 20 日分批播种，这样就可分别从 7 月底到 8 月下旬陆续开始采摘，直到 10 月份，黄瓜还可以出现在我们的饭桌上。

黄瓜，这绿色的生命，不仅默默无闻地把淡雅的芳香传播给人类，用绿色的躯体点缀美丽的大自然，而且奉献出清脆可口的果实，伴人们度过炎热的夏天。我赞美你，绿色世界的娇儿。

【简 评】

jian ping

本文从饭桌上的黄瓜起笔，简略介绍了黄瓜的属科、原产地、栽培情况。重点介绍了黄瓜的生态特征。文章综合运用了说明、描写、抒情的写作手法，和比喻的修辞手段，使文章内容丰富生动，细致具体。最后一段抒发了作者对黄瓜的赞美之情，升华了主题。